10대도 이해하는

전쟁과 평화이야기

라훈일 지음

청파랑

작가의 말

전쟁을 알아야 평화를 꿈꾼다

두 번째 책은 첫 번째 책보다 두 배의 시간이 걸렸습니다. 그만큼 이 책에 대한 계획은 제 머릿속에 없었습니다. 저는 2022년 2월 러시아의 우크라이나 침공을 보고 이 책을 쓰기로 했습니다. 전쟁 초기 대부분 사람은 러시아가 일으킨 이 전쟁은 금방 끝날 것이라 예상했습니다. 하지만 책 원고를 다 넘기고 작가의 글을 쓰고 있는 11월 늦가을 현재도 전쟁은 진행 중입니다.

사실 러시아가 베이징 동계올림픽 직후 우크라이나를 침공할 것이라는 얘기는 여러 번 있었습니다. 다만 '지금 시대가 어떤 시대인데'라며 다들 그냥 넘어갔던 거죠. 설사 전쟁이 발발한다고 하더라도 2014년처럼 국경선 근처 마찰에서 끝날 거라고 예상했습니다.

'전쟁은 예고 없이 온다'라는 말이 요즘 많이 와닿습니다. 우리는 지금 평화로운 시대에 살고 있지만, 70여 년 전 이 땅을 휩쓸었던 한국전쟁이 일어나기 전날에도 매우 평화로웠습니다. 전쟁 불안을 조장하려는 것은 아니지만 앞으로의 일은 모르는 거니까요.

최근 들어 북한의 미사일 시험 발사 같은 무력시위가 많아졌습니다. 한반도에 사는 우리는 북한에서 미사일 발사를 해도 전쟁 불감증이라는 얘기를 들을 정도로 무심코 지나가곤 했습니다. 오히려 이웃 나라 일본이 난리였죠.

그런데 지난 8월 방송사에서 최근 3년 동안 남북관계 관련 국민의식 조사를 보다 눈에 띄는 내용이 있었습니다. 현 남북관계를 놓고 볼 때 어느 정도 불안한지 물어보는 것이었습니다. 2021년 조사에는 불안하다 56.1%, 불안하지 않다 43.9%였는데 2022년은 불안하다 70.2%, 불안하지 않다 29.8%였습니다. 경위야 어떻든 올해는 작년보다 불안한 국민이 많습니다. 내년은 올해보다 덜 불안했으면 좋겠습니다.

얼마 전『10대를 위한 통일이야기』작가 초청 강의가 있어 이천에 다녀온 적이 있었습니다. '통일의 노래'를 불렀는데 '통일이여 오라'라고 부르는 사람도 있고 '통일을 이루자'라고 부르는 사람도 있었습니다.

제가 어렸을 때는 '통일이여 오라'였는데 언제부터 '통일을 이루자'라고 바뀌었는지 모르겠습니다. 그런데 저는 '통일을 이루자'가 더 좋은 것 같습니다. 수동적인 것보다 능동적인 것이 더 좋습니다. 평화도 그런 것 같습니다. 아니 더 강력한 능동의 표현을 써야 할 것 같습니다. 통일은 찬성과 반대가 나뉘지만, 평화는 반대가 없을 거니까요.

이 책은 평화에 대한 강력한 능동의 표현입니다. 전쟁은 저마다 이유가 있습니다만 신문이나 뉴스로는 지면과 방송 시간의 한계로 전쟁의 이유를 잘 알기 어렵습니다. 현재 지구촌에 벌어지고 있는 대표적인 전쟁과 갈등에 대해 많은 사람이 관심을 두는 데에 이 책이 보탬이 되기를 바랍니다. '10대도 이해하는'이라고 한만큼 최대한 쉽게 썼으니 누구나 쉽게 이해하고, 평화를 앞당길 수 있기를 바랍니다.

그동안 40여 개 국가를 다녔던 경험이 이 책을 쓰는 데 큰 도움이 되었습니다. 그래서 꿈이 하나 생겼습니다. 50대가 되기 전에 안 가본 나라 위주로 아내와 함께 세계 일주를 하려고 합니다. 이 책은 첫 번째 책보다 기간이 길었던 만큼 아내도 인고의 시간이 많았습니다. 특히 책을 완성하는데 세심한 부분까지 함께해 주었습니다. 옆에서 응원해 준 사랑하는 아내와 사랑스러운 네 딸에게 감사의 마음을 전합니다.

아프가니스탄에서 경험한 얘기를 자세하게 알려주었던 연재, 첫 번째 책의 초판이 완판되어 저를 바라보는 시선이 한결 따뜻해진 이경현 청파랑 대표님과 직원분들께도 감사를 드립니다. 무엇보다 우크라이나 땅에 전쟁이 빨리 끝나고 평화가 도래하기를 두 손 모아 기도드립니다.

차례

프롤로그

왜 평화인가

한 해가 저물고 있습니다. 10대 때 매년 다가오는 크리스마스, 설날, 추석, 그리고 나의 생일은 항상 새로웠던 것 같습니다. 40대 들어서면서 여러 가지가 바뀌었는데, 이런 날들이 이젠 새롭지 않습니다. 무한 반복이라 할까요. 그날이 싫다는 것은 아니고 그냥 설렘이 작다는 거죠.

서울 대방동으로 이사 왔던 몇 년 전 2022년 2월 22일을 고대하고 고대했습니다. 그때가 2018년이었는데 도로공사로 인해 항상 정체가 심했습니다. 건설 안내 간판을 보니 경전철을 짓고 있었는데 두 가지 이유로 깜짝 놀랐습니다.

첫째는 공사 기간이 엄청 길더군요. 앞으로 4년이나 더 공사를 하는구나, 그때까지 여의도를 가거나 보라매공원 가는 길은 계속 막히

겠구나, 대충 이런 생각을 하면서 그날이 언제 올까 싶었습니다.

둘째는 건축, 토목 이런 분야에 일하는 사람은 센스가 좀 없을 거로 생각했는데, 공사가 끝나는 D-day가 2022년 2월 22일로 적혀 있는 걸 보니 뭔가 있다고 생각했습니다. 제가 생일이 7월 7일이다 보니 어떤 숫자가 반복되는 날짜를 좋아하거든요.

그런데 공사 업체는 약속을 못 지켰습니다. 2022년 2월 22일이 거짓말처럼 성큼 다가왔는데 공사는 여전했습니다. 날짜가 적힌 표지판은 건물 사이에 적당히 숨겨져 있었고요. 그리고 좀 더 시간이 지난 5월 말 정도 되어서 공사는 끝났고 경전철이 개통되었습니다. 사람이 하는 일이 다 그런 것 같습니다. 큰 기업이든, 작은 일이든 예상은 자주 빗나갑니다. 20세기에 대학을 다녔던 저에겐 21세기가 그랬습니다.

20세기에 예상했던 21세기

중학생 때까지 저는 과학자가 되는 것이 꿈이었습니다. 그때 나왔던 잡지나 만화, 영화에 그려졌던 21세기는 지금과 사뭇 달라 조금 민망합니다. 21세기에는 자동차가 하늘을 날고, 달과 여러 행성에 인류가 사는 도시가 만들어지고 있었거든요.

그리고 대부분 가정에는 AI 로봇이 시중을 들고 있고, 공룡을 복제해서 동물원에서 관람하고 있었습니다. 불치병이 걸린 사람은 냉

동인간으로 만들어 치료가 가능할 때 해동시켜 치료하였고요. 물론 21세기가 현재만이 아니라 2099년까지라고 보면 가능할 수 있겠지요. 그런데 저는 분명히 기억합니다. 2010년, 2020년쯤 예상되는 미래라고 적혔던 글을요.

경전철 공사 마감 날짜 서너 달 늦어진 것과 비교하면 이 예상들은 엄청난 착오였습니다. 그런데 그때나 지금이나 똑같은 것이 하나 있네요. 잡지사, 만화가, 영화감독이 그랬듯이 건설사도 사과 없이 지나갔다는 거죠.

10대 때 화려한 21세기를 꿈꾸며 무럭무럭 커갔던 저는 20대가 되어 대학에 들어갔습니다. 공대생이었지만 그땐 누구나 세계사와 한국 현대사에 관심이 많았습니다. 그리고 희망을 품었습니다. 이제 곧 다가올 21세기는 평화의 시대라는 것을요.

20세기 두 번의 세계대전과 한국전쟁을 비롯한 수많은 전쟁은 21세기가 되는 순간 사라질 것으로 생각했습니다. 만약 21세기에 전쟁이 벌어진다면 인간과 로봇의 싸움이지 인간과 인간의 싸움은 아닐 거로 봤습니다. 설사 인간끼리 전쟁을 하더라도 소규모 내전이나 국경선 근처의 마찰로 싱겁게 끝날 것으로 생각했습니다.

인간이 갑자기 착해질 것으로 예상해서 그렇게 생각했던 것은 아니었습니다. 과학기술의 발달로 전쟁의 원인인 식량, 자원 문제가 해결될 거라는 막연한 느낌이었죠. 그리고 세계 경찰을 자임하고 있던 미국에 대한 무한 신뢰도 있었고요. 전쟁이 나면 미국이 가서

잘잘못을 따져 말끔하게 정리해 줄 것 같았습니다. 이라크 전쟁 때처럼요.

남북관계도 그랬습니다. 1999년 7월 저는 CARP라는 대학생 단체에서 주최했던 '남북청년학생 세미나'에 참석한 적이 있습니다. 군대에서 전역한 지 얼마 안 되었을 때 만났던 북한 대학생은 저에게 남북관계가 앞으로 좋아질 수밖에 없겠다는 확신을 주었습니다. 말이 아주 잘 통했었거든요.

결국 20세기에서 21세기를 넘어가는 데 유일한 문제는 'Y2K'뿐이라고 생각했습니다. 2000년이 되는 순간 컴퓨터가 인식하는 연도는 1900년이 되어 세계가 엄청난 혼란에 빠질 가능성 빼고는 평화의 시대가 본격적으로 열리게 될 것이라 확신했습니다.

2000년과 2001년 사이

다행히 Y2K 문제는 기우였고 모든 것이 평화로웠습니다. 역사상 최초 남북정상회담이 있었고 인류는 국가 간 장벽을 넘어 지구촌 시대로 진입했다고 생각했습니다. 2000년 가을 월드 카프 주최로 영국에서 열렸던 행사에 참석할 기회가 있었는데, 뉴밀레니엄시대 여러 국가 대학생들을 만나는 순간 우리의 미래는 무조건 밝아 보였습니다. 특히 영국에 온 유럽 학생들의 모습은 신기했습니다. 프랑스와 영국을 해저에서 잇는 채널 터널(유로터널) 기차를 타고 도착했다는 이야기는 꿈만 같았습니다.

특히 스페인, 독일, 이탈리아 학생들이 자유롭게 자동차와 기차를 타고 육로로 프랑스를 거쳐 영국에 들어오면서 겪은 얘기를 들려줄 때 부러웠습니다. 국경을 넘을 때 우리로 표현하자면 전라도에서 경상도로 넘어가는 것처럼 어떠한 절차도 없었다는 것이죠.

심지어 유럽 사람만이 아니라 저 같은 모든 사람에게 적용된다는 얘기를 듣고 당장 영국을 떠나 유럽 대륙으로 뜨고 싶었습니다. 영국 일정은 행사도 좋았지만, 무엇보다 '아, 정말 지구촌 시대가 되었구나'라는 것을 피부로 체감하는 기간이었습니다.

그리고 그다음 해인 2001년 가을 친구를 만나러 미국에 갔습니다. 대학생 때 전공, 동아리, 학교 영자신문사, 세 가지를 함께했었기에 엄청 친했는데 오랜만에 만나게 되어 밤새우며 얘기를 하였습니다.

미국 3년 차 이민 생활을 하고 있던 친구는 자신이 겪은 미국이라는 나라가 알면 알수록 독특하다고 표현했습니다. 저는 그전에 가봤던 영국이나 미국이나 똑같은 서양이라 별 차이가 없을 거로 생각했는데, 친구는 미국이야말로 개인주의 천국이라고 했거든요.

미국은 영국보다 다인종 국가라 각 인종의 공동체주의를 지향하는 것 아닌가 했던 저의 생각과 현실은 다를 수도 있겠다 싶었습니다. 그렇게 미국에서 좋은 시간을 보냈고, 한국에 귀국한 며칠 후 뉴스를 보고 전 깜짝 놀랐습니다.

숫자 '갬성'이 있는 저로서 귀국 날짜를 9월 9일로 잡아 한국에 잘 도착했는데, 이틀 후 미국에 '9·11테러'가 발생했던 것입니다. 뉴스를 보며 가장 먼저 떠오른 생각은, 만약 이틀 늦게 출발했으면 큰일 날 뻔했다는 것입니다.

테러로 미국의 모든 공항에서 비행기 이착륙이 일시 금지되었다는 것이 테러 희생자보다 더 크게 다가왔다는 것은 지금 생각해 보면 참 부끄럽습니다. 그런데 그 후 미국의 움직임은 지구촌 시대 세계에 큰 변화를 주었습니다. 아프가니스탄을 공격하였고, 뒤이어 이라크를 공격하였습니다. 물론 테러에 대한 복수가 필요했겠지만, 미국은 급하게 서둘렀고 일방적이었습니다.

그리고 21세기는 갈수록 20세기 때 예상했던 것과 다르게 흘러갔습니다. 영국을 방문하고 난 후 '지구촌 평화'를 꿈꿨는데, 이후 미국을 방문하고 난 후 '국가 간 전쟁'을 다시 보게 된 것이죠. 물론 방문한 나라의 차이가 아니라 시기의 차이에서 펼쳐진 상황이었지만요.

그러다 전 2002년 한일월드컵만큼은 아니었지만, 살짝 가슴 뛰는 뉴스를 접했습니다. 체코, 헝가리, 폴란드 같은 동유럽 10개국이 유럽연합(EU)에 가입했다는 소식이었죠. 예전 영국에 갔을 때 유럽인들의 통합 노력에 멋지다 생각했었는데, 웬걸 이 정도까지 가는구나 하고 부러웠습니다.

유럽의 근현대사를 조금만 들여다보면 유럽 대륙이 얼마나 피비린내가 진동하는 살육의 땅이었는지 누구나 알 정도인데, 어떻게 이런 변화가 생길 수 있을까 신기했습니다. 가깝게는 1, 2차 세계대전의 전장이었던 곳이 21세기에 들어와 동서냉전의 완벽한 종식을 이뤄낸 계기가 무엇일까 궁금했습니다.

시작은 미약했으나 끝은 창대한 유럽연합

유럽연합의 시초는 유럽석탄철강공동체(ECSC)였습니다. 이름은 상당히 촌스럽지만 무슨 일을 하는지 명확하게 알 수 있는 기구였죠. 이 시기 석탄과 철강은 경제 발전과 무기 제조 등에 필수 전략물자였습니다. 그러다 보니 전쟁의 원인이기도 했습니다.

2차 세계대전이 끝나고 프랑스는 독일(당시 서독)에 주로 묻혀 있는 석탄과 이를 활용한 철강 생산을 공동 관리하자고 제안하였고, 독일은 좋다고 화답하였습니다. 그 후 이탈리아, 네덜란드, 벨기에, 룩셈부르크까지 참여하면서 1952년 출발했습니다.

이 공동체를 처음 구상했던 프랑스 외교관 '장 모네'는 '공동의 이익을 찾아내고 체계화하는 것이 갈등 문제를 해결하는 가장 단순한 원리이다.', '사람 없이는 아무것도 가능하지 않고, 제도 없이는 그 어떤 것도 지속할 수 없다'라는 생각으로 주변을 설득했습니다.

이로 인해 프랑스는 1, 2차 세계대전을 일으켰던 독일이 전쟁 준비를 하는지 안 하는지 수시로 감시할 수 있게 되었습니다. 전략물자인 석탄과 철강의 흐름만 봐도 그 여부를 알 수 있었으니까요. 독일은 또다시 전쟁을 일으킬 수 있다는 의심을 사지 않아 좋았고, 공동체와 협력을 통해 전범국가의 꼬리표를 빨리 뗄 수 있었습니다.

이뿐 아니라 공동체 6개국은 석탄과 철강을 공동으로 생산하고 판매하면서 얻게 되는 경제적 이익에 만족했습니다. 오랫동안 피 터지게 싸웠던 프랑스와 독일이 공동체에 함께 있으면서 시너지 효과가 컸습니다. 그러면서 자연스레 석탄과 철강만이 아니라 경제협력의 규모를 더 키우자는 논의가 진행되었습니다.

이로 인해 1959년 유럽경제공동체(EEC)와 유럽원자력공동체(Euratom)가 설립되었습니다. 그리고 1967년 3개의 공동체가 통합되어 유럽공동체(EC, European Communities)로 재편되었습니다.

유럽공동체는 몇 개의 자원이나 제품의 협력이 아니라 아예 모든 관세 철폐와 유럽 외 지역에 대한 공동 관세를 시행하는 관세동맹, 공동시장, 그리고 공동 농업정책을 추진하였습니다. 이 과정이 항상 순탄치 않았지만, 유럽공동체 가입을 통해 얻을 수 있는 것이 더 크다는 것을 알게 된 유럽 국가들은 하나둘씩 들어오게 되었습니다. 1973년 유럽의 대표 국가 중 하나인 영국이 들어온 것을 시작으로 유럽공동체는 갈수록 커졌습니다.

유럽공동체의 확장은 회원국 숫자만이 아니라 협력하는 범위를 '유럽 단일시장'까지 나아가게 했습니다. 유럽공동체는 상품, 서비스, 인력 및 자본의 자유로운 이동을 보장하기 위해 모든 무역장벽을 철폐하자는 것이었죠.

사람과 물자 이동에 대한 국경 검문을 철폐한 '솅겐조약'이 1995년부터 조금씩 유럽 전역으로 확대되었습니다. 2000년대 들어와 공동화폐인 '유로화'를 사용하는 '유로존'도 탄생했습니다. 경제적 공동체로부터 출발한 유럽통합은 정치적, 외교적, 군사적 공동체까지 확대되면서 드디어 현재의 모습인 유럽연합(EU)이 2003년 탄생했습니다. 그리고 아까 언급했던 2002년 동유럽 10개 국가가 가입함으로써 명실공히 유럽 대부분 국가가 참여하게 되었습니다.

브렉시트로 확인한 유럽연합의 위기

물살을 헤치며 나아가는 백조의 모습은 우아하기만 합니다. 수면 아래 쉴새 없이 움직이는 물갈퀴를 사람들은 볼 수 없는 거죠. 이처럼 유럽연합은 현재 통합의 모습을 갖추기까지 좋은 모습만 갖고 있지 않았습니다. 항상 쉴새 없이 난관을 헤쳐 나왔습니다.

철천지원수로 지내던 사람들이 잠깐 안 싸우고 협력한다고 해서 과거의 상처를 완전히 잊기는 어려운 거죠. 유럽연합도 마찬가지였습니다. 역사에 대한 앙금, 현재 처해 있는 상황이 달라 충돌을 넘어 연합을 해체하는 상황까지 갔던 적도 여러 번 있었습니다.

2008년 미국발 금융위기가 세계로 확대되면서 재정이 부실했던 포르투갈, 아일랜드, 그리스 같은 국가가 유로존이나 유럽연합을 위기로 만든 일도 있었고요. 중동이나 아프리카에서 넘어온 난민 수용에 대해서도 국가마다 첨예한 의견 대립이 있었습니다.

인도적인 목적으로 난민을 받아들이는 것이 어려운 문제는 아니지만, 그 이후가 골치 아픈 거죠. 난민들의 불법취업으로 인한 자국민 실업률 상승, 난민 수용시설 확충, 지속적인 경제적 지원 등 손품 발품이 많이 드는 일입니다. 독일, 프랑스 같은 여유가 있는 나라는 지갑을 한 번 더 열면 되지만, 남유럽, 동유럽 국가들은 지갑이 이미 텅텅 비었고 심지어 빚을 지고 있었기에 생각이 다를 수밖에 없었습니다.

그런데 이는 비단 경제적인 문제만이 아니었습니다. 테러리스트들이 난민으로 위장해 유럽으로 들어와서 어떤 검문검색도 받지 않고 이동해 테러를 일삼는 경우가 생겼기 때문입니다. 처음에는 우발적이고 일시적인 것으로 생각하며 넘어갔는데, 이슬람 근본주의자들은 유럽통합의 열매를 폭력에 이용하기 시작했습니다.

결국 이를 보다 못한 영국은 유럽연합 탈퇴 여부를 2016년에 국민투표로 결정하게 되었는데 찬성 51.9%, 반대 48.1%가 나와 유럽연합 사상 최초 탈퇴 국가가 되었습니다. 영국을 의미하는 Britain과 탈출을 의미하는 'Exit' 합성어인 브렉시트(Brexit)는 2020년 실제로 탈퇴하기까지 유럽만이 아닌 전 세계 사람의 입에 오르내렸습니다.

영국은 잘사는 나라인데 왜 하필 처음 탈퇴한 국가가 되었느냐는 의문이 들 수 있습니다. 그 해답은 영국은 섬나라라는 점에 있습니다. 사실 영국이 유럽연합에 처음 들어올 때도 비슷한 고민이 있었습니다. 유럽 대륙과 바다로 떨어져 있는 상황에서 통합 과정에서 얻을 수 있는 것이 그렇게 많지 않았다는 것이죠. 그래서 상대적으로 늦게 가입하기도 했고요.

그렇다고 오랫동안 유럽연합 안에서 함께했던 것을 청산하고 탈퇴하는 것이 수월한 것은 아니었습니다. 투표 결과에 나와 있듯이 영국은 국론이 양분되었습니다. 탈퇴와 잔류 비율만 비슷했던 것이 아니라 저학력·고연령층은 탈퇴, 고학력·저연령층은 잔류를 선택했기에 계층 간, 세대 간 분열의 후유증은 여전합니다. 영국의 분열은 유럽의 분열을 낳았고, 전염병과 전쟁이 뒤이어 유럽연합을 휘몰아쳤습니다.

코로나19와 러시아 침공의 파도를 넘어서는 유럽연합

2019년 11월 중국에서 최초 발견이 되어 세계적인 확산을 일으켰던 코로나19는 만 2년이 넘어서야 잦아들었습니다. 물론 아직 사라지지 않았지만, 2020년 초 인류가 동시에 겪었던 '멈춤'은 그야말로 충격이었습니다.

코로나19는 '사회적 거리두기'라는 신조어를 만들었고 학교, 직장, 여행, 그 어떤 이동도 멈추게 하였습니다. 그리고 백신을 비롯한 의료장비를 구하기 위한 국가 간 경쟁이 도를 넘어 공동체의식은 퇴보하였습니다.

유럽연합은 '멈춤'과 '의료장비'에 직격탄을 맞았습니다. 유럽연합의 설립 정신과 반대되는 국가 간 장벽이 높아졌기 때문입니다. 사람과 의료장비는 국경을 넘는 것이 어려워졌습니다. 코로나19 초기에 마스크로 시작해 백신 보급까지 각 국가가 알아서 구해야 하는 상황이 발생했습니다.

코로나19 확진자와 사망자가 늘어날수록 유럽연합은 각 국가의 개별 행동에 이렇다 할 제지를 할 수 없는 무기력한 모습으로 일관했습니다. 역내 국가에 대한 백신과 의료장비 수출 통제는 유럽연합의 존립 근거를 의심케 하였던 거죠.

다행히 유럽연합은 이 어려운 상황 속에서 과감한 움직임을 통해 분위기를 역전시켰습니다. 가장 부자나라인 독일과 프랑스가 최선두에 서서 유럽경제회복기금 조성을 한 것입니다. 코로나19로 인한 보건 위기가 경제 위기, 나아가 사회 위기로 급속하게 확산하고 있을 때 기금 집행은 호흡이 어려운 국가들에 산소호흡기를 부착한 효과를 주었습니다.

또한 코로나19 유행과 재유행을 경험해 보니 국경 봉쇄보다는 오히려 국가 간 협력이 훨씬 효율적이라는 결론을 갖게 되면서 유럽연합의 역할에 더 힘이 실렸습니다. 이를 방증하는 결과가 2021년 유로바로미터 설문조사에서 나왔습니다. 유럽 시민들의 유럽연합 신뢰도가 2008년 이후 49% 최고치를 기록했고, 이와 반대로 각 국가 정부 신뢰도는 36%로 양자 격차가 크게 벌어졌습니다.

그렇게 유럽연합은 코로나19 문제를 잘 넘어가는가 싶더니 2022년 초 러시아가 우크라이나를 침공하면서 유럽연합은 다시 분란에 빠지게 되었습니다. 러시아를 비판하는 것은 같은 입장이었지만, 유럽연합 차원의 대응에 각자 생각이 달랐기 때문입니다.

그 차이의 이유는 러시아 지하자원에 대한 의존도였습니다. 유럽은 천연가스의 40%, 원유의 25%를 러시아에 의존하고 있었는데 이게 국가마다 차이가 컸습니다. 예를 들어 천연가스만 보더라도 라트비아와 체코는 러시아에 100% 의존하고 있었고, 독일과 핀란드는

전쟁을 피해서 국경을 넘어 인접국가인 폴란드로 와서 전쟁에 반대하는 시위를 열고 있는 우크라이나 시민들 (2022.3.6, 폴란드 크라쿠프) ©Silar

60%, 스페인과 포르투갈 벨기에는 10% 의존하였으니 국가별 편차가 컸습니다.

이와 함께 러시아와 경제 관계, 외교 관계, 심지어 지리적으로 가깝고 멀고에 따라 러시아의 보복을 감당할 수 있는 국가별 수준이 달랐기에 셈법이 복잡했습니다. 게다가 러시아에 대항하는 우크라이나에 무기 지원, 군사지원을 하는 것에 대해서도 첨예한 대립이 있었고요.

미국과 유럽연합 소속 국가들이 함께하는 나토(NATO, 북대서양조약기구)까지 더해져 러시아의 우크라이나 침공 초기에 유럽연합은 갈팡질팡하였습니다. 러시아와 우크라이나 둘 다 유럽연합 회원국이 아니라는 점에서 굳이 군사적 개입까지 할 필요가 있느냐는 고민도 있었고요.

결국 유럽연합은 다행히 혼란에서 벗어나게 되었습니다. 러시아에 의존하고 있는 지하자원의 우회로를 점차 확보하였고, 러시아의 전쟁 만행에 유럽연합 차원의 군사지원 카드를 사용할 수 있게 되었습니다. 앞으로 러시아의 우크라이나 침공이 어떻게 전개될지는 아무도 모릅니다. 분명한 것은 우크라이나 혼자 이 전쟁을 감당하도록 유럽연합이 가만히 있지 않으리라는 것은 확실합니다.

전쟁의 해결이 평화의 첫걸음

인류 문명은 전쟁에서 평화로 발전했습니다. 누구나 평화를 원했지만, 사막의 신기루와 같이 있다가 사라지는 것을 반복했습니다. 평화는 한마디로 정의하기 어렵고 한 번에 실현되기는 더 어렵습니다.

그래서 평화는 지키고(Keeping), 만들고(Making), 구축하는(Building) 전 과정이 모두 중요합니다. 특히 중요한 것은 전쟁이 없는 상태, 즉 평화를 지키는 것입니다. 평화를 지키다 여력이 조금 생기면 전쟁으로 가지 않게 평화를 만들고, 더 여력이 있으면 깨지지 않는 평화를 구축해야 합니다. 이게 말은 쉽지만 행동으로 옮기는 것은 어렵습니다. 그런데 위에 나온 것처럼 유럽 국가들은 행동으로 옮겼고, 완벽하지 않지만 평화를 구축하는 단계까지 올라서고 있습니다.

유럽연합은 국제연합(UN)과 다릅니다. 가장 큰 차이는 국가의 일부 기능을 연합에 이양했느냐, 안 했느냐로 나뉩니다. 국가가 본래 가진 기능을 '초국가기구'에 내놓을 수 있는 신뢰가 유럽연합에는 있고 국제연합에는 없는 것이죠.

예를 들어 한국, 일본, 중국이 동북아시아연합을 만든다고 할 때 화폐를 하나로 통일한다는 것은 보통 쉬운 것이 아닐 것입니다. 3개 국가의 역사적 앙금만이 아니라 현재 관계를 놓고 볼 때 그렇습니다. 그런데 유럽 국가들은 역사적 앙금이 없을까요? 그런 점에서 저는 유럽연합이 참 대단하다고 생각합니다.

유럽 여행도 멋있지만, 유럽연합이 더 멋있습니다. 유럽석탄철강공동체가 결성되었던 정신이 유럽만이 아니라 전 세계, 특히 전쟁지역에 이식되었으면 좋겠습니다. 한반도도 마찬가지고요.

현재 벌어지고 있는 지구촌 전쟁은 종교, 인종, 자원, 영토, 역사 등 여러 가지 문제가 섞여 있습니다. 남의 나라 일이라 그 이면에 담겨 있는 이유에 관심이 안 갈 수 있지만, 또 하나의 주요 분쟁지역인 한반도에 사는 우리는 다르다고 생각합니다.

전쟁의 이유는 각각 다르더라도 그로 인해 전개되는 상황을 이해한다면 이 땅의 평화를 더 다채롭게 지키고, 만들고, 구축할 수 있지 않을까 상상합니다. 그런 점에서 앞으로 설명할 지구촌 10대 전쟁지역을 보면서 한반도와 어떤 점이 다르고 같은지 찾아보는 여러분이 되기를 소망합니다.

이 책을 처음 구상할 때 고민은 대표적인 갈등 지역·국가를 어디로 선정할까였습니다. 그만큼 지구촌에 갈등은 여러 곳에 있었습니다. 오늘 점심 뭐 먹을지 고르는 것에도 결정장애가 있는 저로서는 10대 지역·국가는 무엇을 기준으로 해야 하나 생각을 많이 했습니다. 그리고 결론을 내렸습니다.

첫째 기준은 갈등이 현시점에도 벌어지고 있는 곳이냐를 봤습니다. 러시아·우크라이나 전쟁 정도가 아니라 하더라도 그런 전쟁이 벌어질 수 있는 움직임이 있는 곳도 포함했습니다. 아프가니스탄, 이라크 같은 경우가 당장 전쟁에 휩싸일 수 있습니다.

둘째 기준은 지구촌 전체에 영향을 주는 국가 간 갈등을 넣었습니다. 이들은 실제로 전쟁하지는 않지만 다른 지역과 국가의 마찰에 큰 영향력을 갖고 있습니다. 그래서 미국, 중국, 러시아를 중요하게 다루었습니다. 21세기 들어와 미국과 세계 패권을 놓고 부딪치는 나라는 주로 중국이었는데 러시아가 다시 돌아왔습니다.

셋째 기준은 제가 사는 한반도에서 가깝게 느끼는 마찰을 다루었습니다. 한반도 분쟁의 주인공인 북한을 포함하여 미국, 중국, 러시아를 다룰 때 이 부분에 대해서도 언급했습니다. 그리고 이 책에 나오는 갈등에서 가장 덜 심각하지만 한국 사람이라면 피부로 느끼는 일본에 관한 얘기도 넣었습니다.

넷째 기준은 제가 다녀온 곳이었습니다. 팔이 안으로 굽는 거죠.

물론 그 나라에 오래 산 것도 아니고 잠깐 다녀온 것인데 그게 무슨 의미가 있냐고 반문할 수 있습니다. 그래도 전혀 안 가 본 곳보다는 낫지 않을까 싶었습니다. 다만, 글에 나온 모든 국가를 가진 못했습니다. 우리나라 정부에서 여행 금지, 여행 자제를 명시한 몇몇 국가는 가지 않았거든요. 그 대신 그곳에 오랫동안 살았던 사람을 만나 깊은 얘기를 나누었고 글에 반영하였습니다.

이 책에 나오는 지구촌 10대 갈등이 현 10대들에게 어떻게 다가갈지 모르겠습니다. 이 책을 읽는 10대들이 저 같은 40대가 되기 전에 하늘을 나는 자동차를 타고 달나라와 다른 행성에 살지 못해도 최소한 전쟁과 테러가 없는 세상을 꿈꾸는 데 도움이 되기를 희망합니다.

1

미국과 중국, G2가 되려는 자와 막는 자

미국과 중국, G2가 되려는 자와 막는 자

2022년 더운 여름 중국은 미국에 "우리가 당신에게 경고하지 않았다고 말하지 말라!"라고 말했습니다. 중국은 과거 한국전쟁에 참전할 때, 베트남전쟁에 참전한 뒤 상대 국가에 이런 경고를 했었는데 왜 또다시 이를 끄집어냈을까요? 이러다 진짜 무슨 일 나는 것 아닌가 하는 생각이 들 정도였습니다.

게다가 그 대상은 또 미국이었습니다. 한국전쟁과 베트남전쟁 때도 미군은 강했지만, 현재 미군은 압도적인 세계 최강인데 그때 했던 경고를 중국이 다시 한 것입니다. 중국은 미국의 우방인 대만에 경고 정도가 아닌 협박을 하였습니다. 실제로 군사훈련을 빙자한 무력시위도 잇달았지요.

중국 경고의 대상은 정확히 말하면 미국 권력 3위 낸시 펠로시 하원의장이었습니다. 낸시 의장이 중국이 제일 싫어하는 행동, 즉 대만을 방문한다고 하니 중국이 저 난리를 친 것이죠. 1979년 미국이 자국과 수교할 때 했던 약속을 어겼다면서요.

중국은 자신과 수교하는 국가에 '하나의 중국' 정책을 수용하라는 전제 조건을 요구합니다. 즉 중국과 대만 중 하나만을 선택하라는 거죠. 대만과 단교를 하고 더 나아가 어떤 협력도 하지 말라고 하면서요.

미국은 그때 대만과 단교했지만 관계를 완전히 끊지 않았습니다. 중국의 눈치를 보면서 적당한 교류는 지속했습니다. 현직이 아닌 임기를 마치고 물러난 정치인, 공무원, 군인들이 대만을 방문하였고 그 정도까지는 중국이 양해하는 선이었기에 아무 일 없는 듯이 넘어갔습니다.

사실 1997년에 미국이 약속을 어겼던 적이 한 번 있긴 했습니다. 그 당시 뉴트 깅리치 현직 하원의장이 대만을 방문했습니다. 그때도 중국은 난리를 쳤지만, 미국과 국력 차이가 워낙 심했던 때라 흐지부지되었습니다. 그런데 현재 중국은 세계 2위 군사·경제대국으로 성장하였기에 낸시 의장의 대만 방문을 문제 삼았던 것이죠.

중국은 지난 트럼프 정부 때 사사건건 무역 문제로 공격을 받았고, 그때가 미국과 최악이었다고 생각했습니다. 그다음 바이든 정부가 이럴 줄은 꿈에도 생각하지 못했습니다. 여기서 밀리면 그때처럼 계속 밀릴 거라는 다급함도 생겼습니다.

낸시 펠로시 하원의장의 대만 방문

미국 권력서열 3위인 낸시 펠로시 하원의장이 2022년 8월 2일 중국의 군사적 위협 등 거센 반발에도 불구하고 대만을 방문하였다. 펠로시 의장은 대만에 도착해 차이잉원 대만 총통을 예방하고 입법원(의회)·인권박물관 방문, 중국 반체제인사 면담 등의 일정을 소화하고 다음날 대만을 떠났다. 미국 정부는 미국과 대만이 경제적 유대를 심화하고, 안보 파트너십을 더욱 강화하며, 공유된 민주적 가치를 수호할 수 있는 방법에 대해 논의했다고 발표했다. 이로 인해서 미중 갈등이 격화되었다.

원래 낸시 의장은 2022년 초 대만을 방문하려고 했었습니다. 러시아의 우크라이나 침공으로 아시아 주요 우방국 방문을 계획했었고, 뜨거운 감자인 대만도 포함되어 있었습니다. 그런데 낸시 의장이 코로나19에 걸려 방문 자체가 취소되어 그렇게 끝나는가 싶었는데 중국은 다시 뒤통수를 제대로 맞았던 것이죠.

중국 시진핑 주석은 미국 바이든 대통령에게 낸시 의장을 말려 달라고 했습니다. 하지만 들려온 대답은 "말려도 가겠다고 하는데 어떻게 하냐"였고 되레 "대만해협의 평화를 위협하지 말라"는 말을 들었습니다. 시진핑 주석은 이에 "불장난하면 타 죽는다"라고 경고했지만, 이에 낸시 의장은 아랑곳하지 않고 대만을 향한 비행기에 탑승하였습니다.

대만 국민은 열광하였고, 차이잉원 총통은 외국인이 받을 수 있는 최고 훈장을 낸시 의장에게 수여하였습니다. 낸시 의장은 대만 정치인들과 만나 중국의 흡수통일 야욕을 비판하였으며, 중국 반체제 인사들을 만나 중국의 민주주의와 인권에 쓴소리를 내뱉었습니다.

이렇게 낸시 의장은 1박2일 동안 중국이 싫어하는 행동을 실컷 한 후 다음 방문국인 한국으로 떠났습니다. 낸시 의장은 대만을 떠났지만, 미국과 중국의 갈등은 여전히 끝나지 않았습니다. 미국과 중국의 갈등은 이번 사건으로 갑자기 생긴 것은 아닙니다. 그보다 더 근본적인 원인이 있기에 향후 미국과 중국의 관계를 유심히 지켜봐야 합니다.

미국은 전 세계 최강국이고, 중국은 21세기 들어 급부상했습니다. 미국은 홀로 최강국 자리를 지키고 싶고, 중국은 미국과 어깨를 나란히 하고 싶어 하는 것이 갈등의 근본 원인이죠. 영어로 'Great' 단어를 사용해서 미국이 현재 G1 국가인데 중국도 G1이 되고 싶은 거죠.

다만 그 전에 1+1=2가 되니 중국은 어떻게든 미국과 함께 G2 국가가 되는 것이 목표입니다. 그 후 미국을 아래로 떨어트려 말 그대로 전 세계의 중심국가 '중국'만이 G1이 되려는 꿈을 꾸고 있습니다.

이를 잘 알고 있는 미국은 중국을 가만히 놔둘까요?

미국과 중국의 체급 비교

한 나라의 국력은 여러 가지로 평가할 수 있지만 가장 기본적인 것은 경제력, 기술력, 군사력일 것입니다. 중국은 이 세 분야에서 미국을 얼마나 따라왔는지 보겠습니다. 국가 경제력을 보여주는 지표인 국내총생산(GDP)을 기준으로 2021년 미국은 20조9,000억 달러, 중국은 14조7,000억 달러입니다.

중국은 미국의 70% 정도이니 아직은 '미국이 안심해도 되겠다'라고 생각할 수 있습니다. 그러나 문제는 중국 경제성장률은 높고 미국은 낮아 이 격차가 계속 좁혀지고 있다는 거죠. 현재 추세로 보면, 2025년에서 2028년이 되면 중국이 세계 1위 경제대국이 될 가능성이 큽니다. 참고로 우리나라는 미국에 수출하는 것보다 2배 이상을 중국에 수출하고 있습니다.

기술력에서도 중국의 성장은 눈부십니다. 중국은 값싼 노동력으로 싸구려 물건을 대량으로 만들어 파는 나라가 아닙니다. 4차산업시대의 10대 핵심 분야 국제특허 건수에서 2018년 이후 1개 분야를 제외하고 대부분 1위를 하고 있습니다. 인공지능, 5G, 드론 등 9개 분야에서 중국이 1위, 미국은 양자 컴퓨터(Quantum computing)에서만 1위를 하고 있습니다.

미국과 중국의 경제력, 기술력 비교

SCI(과학기술논문 인용 색인) 등재 논문 수를 포함 과학자와 엔지니어의 숫자도 중국이 미국보다 압도적으로 우세합니다. 물론 위에 열거한 것이 기술력의 전부는 아니지만, 첨단과학과 기초과학 분야에서 중국이 미국에 밀리지 않는다는 거죠.

그렇다면 군사력은 어떨까요? 군사력의 기본 지표인 국방비를 기준으로 보면 2021년 미국은 7,405억 달러, 중국은 2,090억 달러를 지출하였습니다. 미국이 3배 이상 넘는 것을 보니 당분간은 압도적인 군사력 1위를 유지할 것 같아요. 다만, 국방비는 경제력에 비례하기 때문에 중국이 미국보다 경제력이 앞선다면 국방비도 따라가는 것은 시간문제가 될 것입니다.

그 외 국가지표를 보면 땅 크기는 미국이 중국이랑 비슷하고(미국이 조금 커요), 인구는 중국이 14억 명으로 미국보다 약 4배 정도 많습니다. 그런데 시간이 갈수록 중국에 불리한 것도 있습니다. 땅 크기는 웬만하면 변하지 않는데 출산율이 중국은 1.3, 미국은 1.7이라는 거죠. 중국은 미국보다 고령화와 인구 감소가 빠르다는 점에서 시간이 마냥 중국 편은 아니랍니다.

미국은 왜 중국을 싫어할까?

옛말에 '사촌이 땅을 사면 배가 아프다'라는 말이 있습니다. 중국이 급성장해 세계 1등인 자신의 자리를 넘보니 미국이 싫어하는 것은 당연하다고 생각할 수 있습니다. 쇼트트랙 경기를 보면 1등은 어떻게든 뒤에 있는 선수들이 자신을 추월하지 못하게 방해하는데 그와 비슷한 느낌이죠.

그런데 미국이 중국을 싫어하는 것은 이보다 더 복잡합니다. 미국이 전 세계에 공을 들여 구축한 질서를 중국이 무시하고 훼방 놓는 것이 가장 근본적인 이유입니다. 흔히 경제 분야에서 미국이 만들어 놓은 '글로벌 스탠다드(Global Standard)'를 중국이 깨트리고 있다고 보는 것입니다.

'글로벌 스탠다드'를 쉽게 설명하려면, 핸드폰이 처음 나왔을 때 예를 들면 되겠네요. 2000년 즈음, 그 당시 제조회사만 하더라도 10개가 넘었고 핸드폰 종류도 아주 많았습니다. 그런데 그때 참 불편했던 것이 핸드폰을 충전하는 것이었습니다. 지금은 상상이 안 가는데 그때만 하더라도 핸드폰 충전기가 회사마다 달랐거든요.

심지어 같은 회사여도 기종이 다르면 충전기도 달라서 같은 회사, 비슷한 종류의 핸드폰이 아니면 충전기를 빌려도 사용하기 어려웠습니다. 집에는 아빠 충전기, 엄마 충전기, 별의별 충전기가 많았는데, 정작 내 핸드폰을 충전할 수 있는 것은 많지 않았다는 사실.

'글로벌 스탠다드'는 국가, 기업, 제품에 따라 달라지는 불필요한 차이를 하나로 통일시키자는 것입니다. 제품의 독특하고 고유한 디자인이나 성능을 하나로 통일하라는 것이 아닙니다. 여기서 포인트는 '불필요한 차이'이죠. 한국에서 만들었든, 미국에서 만들었든 전자제품은 220V에 연결하고, USB는 같은 크기로 만들어져 노트북, 컴퓨터, 복사기 어디든 사용할 수 있게 하는 것입니다.

제품만이 아니라 금융, 회계, 경제 분야 전체로 확대되어 기술과 정보와 돈의 흐름이 하나의 방법으로 오갈 수 있게 하는 거죠. 그리고 한 단계 더 나아가면 보이지 않는 가치인 자유, 평화, 인권까지 적용할 수 있습니다.

미국은 자유민주주의 국가들과 협력해서 경제적 '글로벌 스탠다드'만이 아니라 정치적 '글로벌 스탠다드'를 지구촌에 구축하였습니다. 물론 그 과정에서 미국이 항상 올바른 길만 걸었던 것은 아니죠. 그래도 자유, 평화, 인권을 지구촌에 뿌리내리게 한 미국의 노력은 인정받을 만합니다.

문제는 중국이 자유, 평화, 인권을 무시하거나 폄하하고 있다는 것이죠. 그리고 중국이 지금보다 세력이 커지면 커질수록 '글로벌 스탠다드'는 깨지게 될 것이라고 미국은 걱정하고 있습니다. 물론 미국을 별로 좋아하지 않는 중국 같은 국가는 '미국 일방주의'가 '글로벌 스탠다드'로 포장되어 있다고 말을 해요.

어제는 적, 오늘은 친구

과거 미국과 중국은 실제로 총부리를 겨눈 적이 있었습니다. 사망자가 자그마치 미군은 3만 명, 중국군(그 당시 중공군) 15만 명이었고 부상자는 그 몇 배가 되니 얼마나 큰 전쟁이었는지 알 수 있겠죠. 군인 사상자가 이 정도였으니 민간인 사상자는 얼마나 많았을까요? 다만 그 민간인은 미국인이나 중국인은 별로 없었습니다. 전쟁이 벌어진 전장이 미국이나 중국이 아니라 우리가 사는 이곳 한반도였으니까요.

1950년 6월 25일 북한이 남한을 공격해서 시작된 한국전쟁에서 미군을 중심으로 한 유엔군은 인천상륙작전 성공 후 북한 지역으로 올라갔습니다. 수세에 몰린 북한을 돕기 위해 그해 10월 대규모 중국군이 참전하면서 미국과 중국의 전쟁이 벌어졌던 것이죠.

한국전쟁은 그 후 2년9개월 동안 미국과 중국의 전쟁으로 확전되었다가 1953년 7월 정전협정으로 잠시 멈추게 되었습니다. 정전협정 역시 이를 반영하듯 한글만이 아니라 영어와 중국어로 작성되었고 양국의 사령관도 서명하였습니다.

그 후 미국은 중국이 아닌 소련과 전 세계 패권을 놓고 경쟁하였습니다. 2차 세계대전 이후 자유민주주의 진영의 대표였던 미국은 20세기 후반 공산주의 진영의 대표였던 소련과 냉전시대를 겪었습니다.

그런데 어느 날 공산주의 진영에서 작은 균열이 생겼습니다. 1950년 후반 소련 최고지도자 스탈린 사후 집권한 흐루쇼프가 전임자를 비판하면서 중국 공산당까지 싸잡아서 공격했기 때문입니다. 스탈린이 잘못한 것을 중국도 따라가고 있다는 것이었는데, 이에 중국 최고지도자 마오쩌둥은 분개하였습니다.

중국과 소련의 갈등은 급기야 1969년 무력 충돌로 확대되었습니다. 일명 '중국 소련 국경분쟁'으로, 처음에는 섬 하나를 놓고 군인 간 난투극에서 시작했는데 곧 탱크가 동원되었고 나중에는 핵전쟁을 비롯한 전면전으로 확대될 뻔한 아찔한 상황이 전개되었죠.

미국은 냉전에서 소련을 이기기 위해, 이런 중소 갈등을 잘 이용해야 한다는 생각을 가졌습니다. 마침 중국도 무조건 소련만 믿고 따라가서는 국가의 미래가 없다는 것을 느꼈고요. 그렇게 미국과 중국의 관계 개선의 의지가 수면 위로 올라온 것이 바로 '핑퐁외교'였습니다.

1971년 4월 일본에서 개최한 탁구대회에 참석한 미국 선수단이 중국을 전격 방문했던 거죠. 1949년 중국 공산화 이후 어떤 미국인도 중국을 공식적으로 방문을 하지 않았는데, 미국을 대표하는 선수단과 기자들의 방중은 전 세계가 집중한 사건이었습니다. 미국 선수단은 중국 주요 도시들을 순회하며 탁구 경기를 하였고, 미국과 중국의 관계 개선은 급물살을 탔습니다. 1971년 7월 헨리 키신저 국가안보담당 보좌관이 극비리에 중국을 방문하였고, 다음 해 2월 최초의 미국과 중국 정상회담이 열리면서 1979년 두 나라는 수교하였습니다. 물론 전 과정을 지켜보던 소련은 아주 많이 씁쓸해했죠.

우리 착한 중국이 달라졌어요

중국은 소련과 달리 미국 주도의 세계 경제 질서에 순응하면서 서방세계의 자본을 받아들이는 개혁·개방을 하였습니다. 이를 계기로 중국은 1980년대 본격적인 경제성장을 하게 되었고 1990년대 가속도가 붙어 미국 다음의 경제대국이 되었습니다. 중국의 경제성장은 역사상 어느 나라도 경험하지 못한 기적이라고 평가받고 있습니다.

미국은 중국이 경제적 개혁·개방에 뒤이어 정치적 개혁·개방으로

천안문 사태

천안문 사태는 1989년 6월 4일, 천안문 광장 등지에서 시위대와 중국 국민이 전개한 반정부 시위를 중국 정부가 유혈 진압한 사건이다. 중국 공안부가 1990년 국무원 보고에서 정식 발표한 것에 따르면, 민간인 사망자는 875명, 민간인 부상자는 약 14,550명이었으며, 군인과 전경은 56명이 사망, 7,528명이 부상당했다. ©중국학위키백과

나아갈 것으로 낙관했습니다. 중국의 경제성장을 위협보다는 자유민주주의 국가로 가는 노정으로 인식했었던 거죠.

그런데 이 낙관에 찬물을 끼얹는 사건이 발생하였습니다. 바로 1989년 발생한 '천안문 사태'입니다. '천안문 민주화 운동'이라고 불리기도 하는데, 중국의 민주화와 부정부패 척결을 외치며 천안문에 100만 명의 시민이 모여 시위를 하였던 사건입니다.

중국 공산당 정부는 무자비한 폭력으로 이 시위를 진압하였고 정

부 발표로는 900여 명, 비공식 집계로는 1만여 명이 사망했습니다. 미국을 비롯한 자유민주주의 국가들은 이 사건에 경악하였고, 시위 주동자들은 다른 나라로 망명하였습니다. 천안문 사태는 중국이 눈부신 경제발전을 해도 인권 탄압을 서슴지 않고 행할 수 있는 국가라는 것을 만천하에 드러낸 사건이었습니다.

참고로 서두에 언급한 낸시 하원의장은 1991년 중국을 방문했을 때 천안문 광장에서 천안문 사태를 추모하다 중국 공안에 구금되었던 적이 있습니다. 이 사건을 계기로 미국은 중국 공산당의 실체를 깨닫게 되었습니다. 미국이 전 세계에 구축한 정치적 '글로벌 스탠다드'인 세계평화와 인권을 위협하는 국가가 중국이 될 수 있다는 것도요. 그리고 실제로 이런 일들이 꼬리에 꼬리를 물었습니다.

미국은 오랜 기간 중국의 인권 탄압에 변화를 요구하였고 중국은 내정간섭이라고 맞받아쳤습니다. 미국은 결국 2010년 즈음부터 중국에 대한 전략을 '협력'에서 '경쟁'으로 전면 수정을 하였습니다. 천안문 사태 이후 중국의 변하지 않는 모습을 보면서 미련을 완전히 버린 것이죠.

게다가 1997년 영국의 마지막 식민지였던 홍콩이 중국으로 반환된 지 20년이 지난 2019년 벌어졌던 상황은 미국의 결정이 틀리지 않았음을 보여주었습니다. 중국의 눈부신 경제성장이 민주주의를 이끌 것이라는 예상이 역시 틀렸다는 결론이 나왔기 때문입니다.

2019년 홍콩 정부의 '범죄인 인도 법안'으로 촉발된 홍콩 민주화

홍콩 민주화 운동을 상징하는 노란 우산과 홍콩 민주화 학생운동을 주도한 조수아 웡

시위는 홍콩 인구 4분의 1인 200여만 명이 참여할 정도로 거셌는데, 홍콩 경찰의 강경 진압으로 많은 사람이 다쳤습니다. 홍콩 시민들이 극렬하게 저항했던 이유는 '범죄인 인도 법안'이 통과되면 중국을 반대하는 홍콩 시민은 누구나 중국에 송환되어 강한 처벌을 받을 수 있기 때문이었습니다.

홍콩 시민 절대다수가 시위에 나서자 이에 놀란 캐리 람 행정장관은 법안의 무기한 연기를 결정한다고 수습을 하였지만 완전한 폐기를 하라고 시위대가 물러서지 않자 결국 폐기를 하였습니다.

이로써 혹자는 홍콩 민주주의가 승리했고 유지될 수 있겠다고 생각했지만 그런 분위기는 그리 오래가지 않았습니다. 2020년 홍콩 국가보안법이 제정되어 중국을 반대하는 작은 시도도 크게 처벌받게 된 것입니다. 그리고 2021년 3월 홍콩 선거제도 개편으로 중국에 충성서약을 하지 않는 사람은 어떤 선거에도 나올 수 없고 공무원도 될 수 없게 하였습니다.

영국이 홍콩을 중국에 반환할 때 50년 동안은 일국양제 기간으로 중국과 다른 제도로 운영하기로 약속했었는데, 중국은 25년이 채 되기도 전 2021년 약속을 저버리고 홍콩을 실질적으로 흡수해 버렸습니다.

결국 미국은 중국이 소수민족과 종교인, 중국 공산당을 비판하는 사람들에 대한 인권 탄압이 갈수록 지속되자 더는 참을 수 없게 되었습니다. 2022년 베이징 동계올림픽을 앞두고 미국은 행동으로 옮겼습니다.

미국이 주도해서 선수들은 올림픽에 참석하더라도 국가 지도자들은 참석하지 않는 '외교적 보이콧'이 실행되었고 많은 국가가 따랐습니다. 올림픽은 스포츠 경기만이 아니라 각 국가 지도자들이 다양한 만남을 갖는다고 해서 '평화의 제전'이라고 불리는데 중국은 톡톡히 망신을 당했던 거죠.

미국은 망신 주는 것에서 멈추는 것이 아니라 정치적 '글로벌 스탠다드'를 위협하는 중국의 부상을 끊임없이 막으려고 합니다. 그런데 그게 말처럼 쉬운 것이 아닙니다. 중국이 이미 워낙 많이 커버렸으니까요. 그래서 미국은 중국에 대한 직접적인 압박과 함께 중국을 둘러싸고 있는 우방국과 협력하여 간접적인 압박을 함께하고 있습니다.

이에 대표적인 나라가 바로 한국입니다. 잠깐 한국전쟁으로 다시 돌아오면 정전협정 당사자인 미국과 중국은 정전 후 현재까지 한반도에 큰 영향력을 갖고 있습니다. 군사적인 측면으로는 남한은 미국과 '한미상호방위조약'을, 북한은 중국과 '조중우호협력상호원조조약'을 맺었습니다.

이 조약은 북한과 중국이 남한을 공격하면 미국이 자동 개입을 하고, 남한과 미국이 북한을 공격하면 중국이 자동 개입하겠다는 것입니다. 이렇게 미국과 중국 양국이 동시에 자동 개입이 가능한 한반도는 중국의 군사적 팽창을 막기 위한 미국의 전략적 요충지입니다.

전 세계에 파견된 미군 중 주일미군은 첫 번째, 주한미군이 세 번째로 많은데, 그 이유는 북한을 방어하기 위한 것뿐 아니라 중국에 대응하기 위해서입니다. 남한에 배치된 주한미군의 사드(THAAD, 고고도미사일방어체계)에 북한보다 중국이 난리인 이유도 이 때문입니다.

바다로 나가려는 자와 막으려는 자

그리고 미국과 중국의 갈등이 벌어지는 대표적인 나라가 한 곳 더 있습니다. 그곳이 어디일까요? 바로 대만입니다.

중국 국민당은 공산당에 패해 대만(타이완)으로 쫓겨난 이후 하루도 편한 날이 없었습니다. 대륙을 차지한 공산당이 언제 쳐들어올지 몰랐으니까요. 그래서 대만은 세계 역사상 가장 긴 38년의 계엄령 역사를 갖고 있습니다.

그래도 대만 국민당은 중국의 민주화를 전제로 대만과 중국이 통일되어야 한다는 방침을 갖고 있었습니다. 그런데 중국과 통일이 아니라 대만의 독립을 주장하는 정당이 출현했고, 2000년에 처음으로 그 당이 정권을 잡았습니다. 중간에 또 다른 변화가 있었지만 현재 대만 독립을 강하게 주장하는 차이잉원이 총통입니다.

중국의 못된 행동은 미국만이 아니라 대만도 큰 우려를 하게 만든 것이죠. 손바닥도 마주쳐야 소리가 난다는 말이 있듯이, 대만의 변화는 미국의 큰 호재였습니다. 미국의 중국 정책의 핵심은 물리적 봉쇄전략, 즉 중국의 태평양 진출을 막는 것이며, 이 전략을 실행하기 위해 대만의 지정학적 위치가 상당히 중요하기 때문입니다.

중국이 태평양으로 나가려고 사활을 거는 이유는 간단합니다. 시간이 가면 갈수록 바다의 전략적 가치가 커지고 있거든요. 우선 지구에는 땅보다 바다가 몇 배 더 크고, 그곳의 식량자원과 광물자원이 무궁무진합니다.

기술이 부족할 때는 바다에서 자원을 얻는 것이 힘들었는데, 이제는 육지에서 채굴하는 것과 비슷한 노력으로 자원을 얻을 수 있습니다. 또한 땅의 길을 도로라고 한다면 바닷길은 항로인데, 전 세계의 물동량의 80%는 항로를 통해 움직인다는 점에서 바다의 경제적 가치는 아무리 강조해도 지나치지 않습니다.

이런 경제적 가치는 언제든 군사적 가치로 전환될 수 있습니다. 바다 위에서 육지를 공격하는 것만 아니라 해상봉쇄를 통해 한 나라를 말려 죽일 수 있다는 것이죠. 미국은 마음만 먹으면 중국을 말려 죽일 수 있는 전략을 세우고 있습니다. 그리고 이를 타개하기 위해 중국은 '일대일로'라는 전략을 수립하여 실행하고 있습니다.

일대일로를 직역하면 하나의 띠(일대), 하나의 길(일로)입니다. 과거 중국과 유럽을 연결했던 실크로드를 모티브로 해서 '일대'는 땅의 길, '일로'는 바다의 길을 의미합니다. 이는 2014년 중국 시진핑 주석이 제시한 것인데, 유라시아 대륙을 중국을 중심으로 땅과 바다에 큰길을 만들자는 것이죠.

땅의 길은 철도를 의미합니다. 대부분 아시아 국가는 돈이 없어 철도를 새로 구축하는 것이 어려운데, 중국은 아주 달콤한 유혹을 합니다. 중국의 돈과 인력으로 철도를 대신 만들어 주고 나중에 갚으라는 것이죠. 2013년 중국이 주도해서 만든 아시아인프라투자은행(AIIB)은 일대일로의 첨병 역할을 하고 있습니다.

중국의 막강한 경제력이 뒷받침하고 있는 이 은행에 아시아 국가만이 아닌 유럽 대부분 국가도 회원국으로 참여하고 있습니다. 따라서 중국의 눈치를 무시할 수 있는 국가는 세계에서 그리 많지 않습니다. 미국은 중국 봉쇄의 끈이 점점 느슨해지는 것을 경계하고 있습니다. 그래서 일본을 설득해서 불참시켰고, 중국의 일대일로 전략에 뚫리지 않는 방패를 계속 설치하고 있습니다.

중국에 던진 미국의 이중 삼중 굴레

아시아 지도를 보면 미국의 봉쇄전략을 한눈에 알 수 있습니다. 미국은 맨 오른쪽 일본에서 시작해서 왼쪽으로 남한, 대만, 필리핀으로 선을 긋고 중국의 태평양 진입로를 봉쇄하고 있습니다.

심지어 미국은 이 정도 봉쇄라인도 약하다고 생각했는지 2020년 '쿼드(QUAD)'를 구축했습니다. 쿼드는 미국, 일본, 호주, 인도 4개국이 참여하는 안보회의체인데, 초기에는 비군사적 목적으로 창설되었습니다. 그러다 중국의 급격한 부상과 이로 인한 각 나라의 마찰로 자연스레 중국을 견제하는 성격도 지니게 된 것이죠.

이 역시 세계지도를 보면 한 번에 느낌이 옵니다. 중국의 태평양 진입로를 동서남북으로 둘러싸고 있습니다. 동은 미국, 서는 인도, 남은 호주, 북은 일본이죠. '다른 나라는 좀 이해가 되지만 인도는 왜 여기에 끼어 있지?'라는 의문이 들 수 있습니다. 가끔 뉴스에 인도와

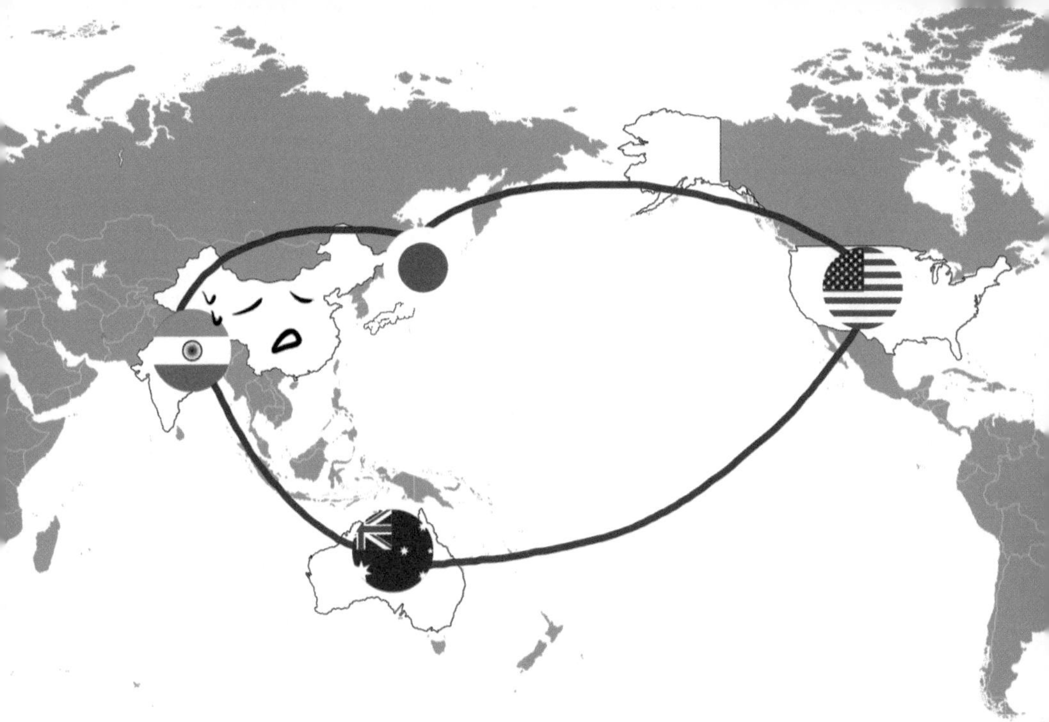

쿼드는 미국·인도·일본·호주 등 4개국이 참여하고 있는 안보협의체로 중국의 패권주의 야망을 견제하기 위한 성격이 짙다.

중국 군인들이 국경선에서 패싸움했다고 나오는데 그것 때문이라고 생각하는 사람은 없겠죠?

물론 아예 관련 없는 것은 아닙니다. 인도는 중국과 국경선이 러시아, 몽골 다음으로 길고 아시아 맹주를 놓고 경쟁 관계이니까요. 그래서 쿼드는 인도가 마다할 필요가 없는 멋진 파티장에 초대받은 것과 같습니다. 미국, 일본, 호주 다 국제사회에서 쟁쟁한 멋쟁이들 아닙니까?

미국은 이에 만족하지 않고 무역, 경제 분야에서 중국과 직접 다투고 있습니다. 특히 트럼프 정부는 2018년 7월 340억 달러 규모의 중국 수입품 818종에 25% 보복관세를 부과하면서 중국과 무역전쟁을 선포하였습니다.

이에 대항해 중국도 미국 제품에 동일한 340억 달러, 25% 보복관세를 부과하였고, 미국은 코웃음 치며 바로 2,000억 달러, 25% 보복관세를 부과하였습니다. 2019년 8월에는 중국을 환율조작국으로 지정하였습니다. 중국은 결국 꼬리를 내리고 2020년 1월 미국과 1단계 무역 합의에 서명하였습니다.

미국은 이후에도 중국의 기술 기업들과 그 계열사에 대한 거래 제한, 수출 통제를 하였습니다. 2021년 취임한 바이든 대통령은 이에 한술 더 떠 중국과 '반도체 전쟁'을 선포했습니다. 일명 '반도체과학법'이라고 해서 미국의 반도체 연구, 개발, 제조를 성장시키면서 중국을 견제하겠다는 거죠.

특히 바이든 대통령은 의욕적으로 미국이 주도하는 '반도체 공급망 협의체'인 칩4(한국, 미국, 일본, 대만)에 공을 들이고 있습니다. 이미 일본과 대만은 참여 의사를 공개적으로 표시하였고, 한국은 미국과 중국의 눈치를 보고 있습니다.

신냉전에 직면한 한반도

혹자는 20세기는 미국과 소련(현재 러시아)의 냉전이었다면, 21세기는 미국과 중국의 신냉전이라고 표현합니다. 미국의 상대 국가가 바뀌었을 뿐 전 세계 군사력 1, 2위 국가가 사상과 체제의 차이로 반목하는 상황이 비슷하다고 보는 것입니다. 냉전시대 각 국가는 미국과 소련이 나눈 민주주의와 공산주의 진영에 속해 곳곳에서 부딪쳤으니, 신냉전은 미국과 중국 둘 중 하나를 선택해야 하는 시대가 아닌가라는 생각이 들 것입니다.

그런데 냉전과 신냉전은 두 가지 큰 차이점이 있습니다. 첫째는 국제 관계의 밀도 차이입니다. 냉전에는 국가 간 교류가 활발하지 않았던 데 반해 신냉전은 이미 아주 깊은 관계를 저마다 갖고 있다는 것이죠.

교통과 통신의 발달로 개인도 국가를 넘고 대륙을 넘나들 듯이 국가 간 관계도 여기저기 아주 복잡하게 얽혀 있습니다. 냉전처럼 미국의 친구는 곧 소련의 적이라고 단정짓기 어렵다는 거죠. 게다가 유엔이나 세계무역기구(WTO) 같은 국제기구가 과거보다 현재 많은 활약을 하고 있다는 점에서 신냉전의 갈등을 얼마든지 조율할 수 있다는 낙관도 있습니다.

둘째는 냉전의 소련만큼 중국이 현재 미국과 대등하지 않다는 것입니다. 중국의 힘이 아직 작은 거죠. 그런데 시간이 흘러 서두에 언급했던 것처럼 중국이 미국과 비슷해지는 시기는 어떻게 될까요? 미국과 중국의 갈등에 한쪽 편을 들어야 하는 상황은 오지 않을까요? 이런 상황이 왔을 때 유엔 같은 국제기구가 중재를 할 수 있을까요?

결국 신냉전은 냉전과 전혀 다르다고만 생각할 수는 없을 것 같습니다. 일례로 2017년 있었던 사드(THAAD, 고고도미사일방어체계) 배치를 보면 좀 더 이해하기 쉬울 것 같습니다. 그 당시 미국은 한반도에 '사드' 배치를 제안했고 중국은 반대했습니다. 사드의 레이더 탐지거리가 워낙 커서 중국 내부를 샅샅이 볼 수 있기 때문이죠. 한국 정부는 미국의 손을 들어줬고 주한미군은 경북 성주에 사드 1개 포대를 설치했습니다.

중국은 바로 반발했고 한국에 경제보복을 하였습니다. 중국에서 활동하고 있는 한국 기업의 영업을 방해하였고, 중국인들의 한국 여행을 막았습니다. 한국 연예인 활동을 비롯한 한류 콘텐츠 수입도 마찬가지였습니다.

중국의 경제보복은 한국에 8조5,000억 원 정도의 손실을 끼쳤고 중국은 이로 인해 1,700억 원 손실을 보았습니다. 한국 땅에 뭘 배치하든 그것은 한국 정부가 결정하는 것인데, 중국이 기분 나쁘다고 경제보복을 한 것은 잘못된 것이었죠. 하지만 그 당시 어떤 국가나 국제기구도 중국의 잘못이라고 말하는 곳은 없었습니다. 그만큼 국제정치는 냉정한 것 같습니다.

더욱 분명한 것은 신냉전시대로 진입할수록 미국과 중국 중 하나를 선택해야 하는 상황이 우리에게 더 자주 올 거라는 것입니다. 그리고 그 선택들은 사드보다 더 큰 영향을 줄 수 있다는 점에서 정신을 바짝 차려야겠죠.

북한을 따라가는 중국의 미래

우리나라는 최고지도자를 대통령이라 부르는데 중국은 주석이라고 부릅니다. 중국의 주석은 임기가 5년이고 특별한 문제가 없으면 한 번 연임할 수 있으니 최장 10년을 할 수 있습니다. 그래서 현 시진핑 주석 전에 있었던 후진타오, 장쩌민 역시 10년 동안 주석을 했었죠.

그런데 시진핑 주석은 2013년에 취임한 뒤 2018년 연임을 확정하면서 한 가지 더 욕심을 부렸습니다. 중국 헌법을 수정해서 '국가주석직 2연임 초과 금지' 조항을 삭제해 버린 것입니다. 원래 2023년에 임기를 마치고 다른 사람에게 주석직을 넘겨줘야 하는 건데 잘만 하면 그럴 필요가 없게 된 거죠. 이는 곧 3연임도 가능하고 4연임도 가능하고, 심지어 진시황이 원했던 불로초만 먹을 수 있다면 영원히 주석을 할 수 있다는 것을 의미합니다. 중국 역대 주석 중 오직 마오쩌둥이 약 27년을 했습니다. 시진핑은 그만큼 업적이 있던 것도 아닌데 어떻게 이것이 가능한지 의문이 듭니다.

그리고 2022년 10월 제20차 공산당 전국대표대회를 통해 시진핑 주석은 3연임을 확정했습니다. 중국 역사상 두 번째 임기가 많은 최고 권력자가 된 것이죠. 중국은 점차 시진핑 1인 지배체제 국가가 되고 있는데 영락없이 북한을 따라가고 있습니다. 김일성 주석은 중국의 핵무기 개발을 따라가고 싶었고, 김정일 위원장은 중국의 경제발전을 따라가고 싶었는데, 천하의 중국이 반대로 북한을 따라가고 있으니 신기할 따름입니다.

시진핑 주석은 자신의 권력을 강화하기 위해 중국 내 소수민족 차별, 인권 탄압, 종교 박해 등을 더 강력하게 시행할 것입니다. 국제사회에서도 비슷한 양상으로 약소국을 무시하고 중국의 이익을 위해 정치적 '글로벌 스탠다드'에 더 큰 도전을 할 것입니다.

2022년 초 러시아 연방보안국(FSB) 기밀보고서에 시진핑이 곧 대만 침공을 실행하려고 한다는 내용이 적힌 것도 우연은 아닙니다. 1980년대 미국이 기대했던 중국의 민주화까지는 아니라 하더라도 그 당시 중국보다 더 독재국가가 되어 버린 중국의 미래는 너무나 암울합니다. 하필이면 우리가 그런 중국과 아주 가까운 이웃 나라라는 점, 북한 하나만 하더라도 골치가 아픈데 우리는 도대체 어떻게 해야 할까요?

그나마 다행인 것은 역사상 어떤 나라도 독재는 끝이 좋지 않았습니다. 국가 성장이 멈춰 도태되어 스스로 독재를 포기하거나 외부의 힘에 지도자가 바뀌었습니다. 그렇지 않은 경우라 하더라도 최소한 국제사회에 영향이 미미할 정도로 힘을 잃어버렸지요.

중국은 북한을 따라가지 말고 경제적 '글로벌 스탠다드'에 편입해 부를 쌓은 것처럼 하루속히 정치적 '글로벌 스탠다드'를 수호하는 국가로 전환해야 합니다. 그런 모습이 되었을 때 미국과 대등한 G2 국가가 된다고 한들 어느 나라가 반대할까요?

2

미국과 러시아, 과거의 영광을 위해 기지개를 켜는 북극곰

미국과 러시아, 과거의 영광을 위해 기지개를 켜는 북극곰

2015년 여름 러시아 크렘린궁 앞에서 일행과 사진을 찍고 있는데 갑자기 경찰이 들이닥쳤습니다. 러시아 말로 "~스키! ~씨바!"라며 큰 목소리와 손짓으로 위협을 하는데 우리가 뭔가 큰 잘못을 했나 싶어 깜짝 놀랐습니다. 알고 보니 플래카드가 문제였습니다. 그 전에 이집트에서도 플래카드 때문에 작은 소동이 있었는데 러시아에서까지 이럴 줄 몰랐습니다.

크렘린궁은 우리나라의 대통령실이나 미국의 백악관처럼 대통령이 일하는 곳입니다. 그런 곳에 플래카드를 펼쳐 사진을 찍는 행위가 러시아 경찰을 자극한 것으로 보였습니다. 그런데 저는 억울한 마음이 들었습니다. 우리가 간 곳은 크렘린궁 중 관광객이 들어올 수 있게 개방한 곳이었습니다. 누구나 들어올 수 있는 곳에 플래카드를 펼치고 사진 찍은 것인데 무엇이 문제였을까 싶었습니다.

백번 양보해서 플래카드에 적혀 있는 한글을 모르니까 정치적 행위로 받아들였을 수 있습니다. 그렇다면 플래카드를 펼치지 말라고 하거나 사진을 지워 달라고 차분하게 말하면 되는데 얼마나 윽박질렀는지 지금 생각해도 얼굴이 화끈거립니다. 러시아는 일본보다 먼저 한국에 비자 면제를 할 정도로 한국에 우호적인 국가라 기대가 컸었는데 실망했습니다.

그리고 그 후 한 번 더 실망한 일이 생겼습니다. 일정 중간쯤 되었을 때 현지 가이드가 뜬금없이 다음날은 우체국에 가야 한다는 거였습니다. 한시가 아까운데 우체국에 왜 가야 하냐고 물었더니 이유는 간단했습니다. 러시아는 외국인이 들어오면 자신이 묵고 있는 숙소 주변 국가시설에 가서 신고를 꼭 해야 한다는 것이었죠.

그런데 가서도 문제였습니다. 한 사람씩 여권을 보여주고 도장을 찍는데 그 과정이 너무 느려 터졌습니다. '주토피아'의 나무늘보 공무원이 생각나는 아주 느린 사람이었습니다. 담당자는 화장실에 다녀왔다가 잡담을 하다가 심지어 핸드폰으로 통화도 길게 했습니다.

저는 우체국을 나오면서 제도에 여전히 공산주의 잔재가 있고, 사람도 공산주의 스타일 서비스라고 농담을 던졌습니다. 한국으로 돌아오는 비행기 안에서도 공산주의 종주국에 들어갔다가 살아서 돌아왔다며 만세를 했는데, 그로부터 7년 후 러시아는 우크라이나를 침공하였습니다.

우크라이나를 침공한 러시아

러시아의 우크라이나 침공에 미국은 발끈했습니다. 전쟁이 발발하자 미국은 곧바로 러시아에 경제 제재를 했습니다. 러시아와 관련된 기관, 기업, 개인들과 협력하는 모든 경제행위를 금지하였습니다.

그리고 우크라이나 군대에 무기를 지원하기 시작했습니다. 개전 초기에 개인화기에서 개인이 작동할 수 있는 드론, 대전차미사일, 지대공미사일로 확대했다가 최근에는 공격용 헬기, 다연장로켓시스템까지 보냈습니다.

이 영향으로 우크라이나는 러시아에 크게 밀리지 않고 방어를 하고 있습니다. 이런 답답한 상황에 있는 푸틴 대통령은 10월 들어와 10만 명 이상 신병 징집을 하였습니다. 그리고 언제든 전술핵무기 카드를 사용할 수 있다고 말하였습니다. 이에 미국은 "만일 러시아가 핵무기를 쓰게 되면 재앙에 가까운 결과를 마주할 것"이라고 경고했습니다.

20세기 냉전 이후 미국과 러시아가 이런 상황에 놓여질 것이라 예상했던 사람은 별로 없었을 것입니다. 인류가 핵무기에 공포를 떠는 냉전시대는 지났다고 다들 안심한 것이 얼마 안 되었습니다.

북한, 이란처럼 이제 막 핵무기 개발을 하는 나라가 아닌 천하의 러시아가 21세기에 핵무기 사용 가능성을 얘기한다는 것 자체가 대국답지 못한 행동이고, 어떻게 이 지경까지 왔나라는 생각이 듭니다. 러시아가 이렇게까지 변할 것으로 생각하지 못했던 것이죠. 도대체 러시아에 그동안 무슨 일이 벌어졌던 걸까요?

러시아 민주주의 경종과 차르의 재림

2014년에도 러시아가 우크라이나 접경 지역을 공격한 적이 있는데, 2022년 2월 말 러시아의 우크라이나 침공은 그때와 차원이 다릅니다. 2022년 러시아는 우크라이나 수도를 포함해 전역을 쑥대밭으로 만들고 군인뿐 아니라 아이와 노인을 포함한 민간인까지 공격하는 만행을 저질렀습니다. 더군다나 공격을 감행한 시기는 전 세계의 평화와 화합을 위해 개최된 2022년 중국 동계올림픽이 끝나고 얼마 지나지 않았던 때였기 때문에 더 충격을 주었습니다.

러시아는 21세기 들어와 줄곧 평화를 유지하던 국제 질서를 완전히 망가뜨렸습니다. 제2차 세계대전 이후 민주주의 국가 사이에 전쟁이라니 말이 됩니까? 한일관계가 아무리 나빠도 임진왜란이 다시 일어날 거라 걱정하는 사람은 없습니다. 한국과 일본 모두 민주주의 국가이니까요.

인간의 생명을 앗아가는 전쟁보다 인간의 자유를 억압하는 것은 없다는 것이 민주주의의 핵심입니다. 어떤 명분도 민주주의 국가 간 전쟁을 정당화할 수 없습니다. 설사 대통령의 잘못된 판단으로 전쟁을 일으킬 수 있지만 국민은 그런 대통령을 가만 놔두지 않습니다. 국민은 대통령의 권한을 바로 뺏을 수 있습니다. 그것이 바로 민주주의입니다.

그런데 러시아는 상황이 다릅니다. 러시아의 우크라이나 침공에 대한 러시아 국민의 지지가 80%가 넘습니다. 강한 나라의 군대가 약한 나라의 국민을 죽이는 전쟁을 이 정도로 찬성하다니 러시아 국민의 수준은 정말 충격적입니다. 푸틴 대통령도 문제이지만 이를 제지해야 할 러시아 국민이 없다는 것도 문제입니다.

러시아를 자세히 들여다보면 러시아 국민은 푸틴의 행동에 무조건적 지지를 보내는 중입니다. 우크라이나 침공만이 아니라 자유민주주의 근간이 되는 헌법, 삼권분립을 흔드는 행동까지 다 좋다고 하니 할 말은 다 한 것이죠.

사실 러시아는 민주주의 역사가 오래되지 않았습니다. 1922년 소비에트연방(소련)으로 공산주의 국가가 되기 전에는 차르(황제)가 통치하는 러시아 제국이었습니다. 러시아 제국, 소련을 넘어 1991년 러시아는 형식상 민주주의 국가가 되었습니다.

소련의 마지막 최고 통치자였던 미하일 고르바초프 서기장은 '페레스트로이카(개혁), 글라스노스트(개방)'을 외치며 스스로 권좌에서 물러났습니다. 그 후 러시아 국민 모두 투표를 통해 초대 대통령으로 보리스 옐친을 뽑았습니다.

대통령 임기와 관련해 러시아 헌법은 미국이랑 비슷합니다. 대통

러시아 국민의 전폭적인 지지를 받는 푸틴의 권력은 차르(제정 러시아 황제의 칭호)에 비교되고 있다.

령 임기가 4년이고 연임을 한 번 할 수 있습니다. 옐친은 4년 더하기 4년, 총 8년을 대통령으로 재임하였습니다. 그 후 대통령은 옐친 대통령 시절 총리였던 푸틴이 선출되었습니다.

푸틴은 옐친과 똑같이 4년 더하기 4년, 총 8년을 재임하였습니다. 그리고 옐친처럼 물러나야 했는데 여기서 꼼수를 썼습니다. 자신의 꼭두각시인 드미트리 메드베데프를 대통령으로 세우고 본인은 총리가 되었습니다.

실세 총리였던 푸틴은 4년이 지나자 바로 2012년 다시 대통령 선거에 나와 당선이 되었습니다. 분명 러시아 헌법에 연임은 한 번만 허용하는데 어떻게 이런 일이 생길 수 있었을까요?

푸틴 대통령은 결코 본인이 헌법을 위반하지 않았다고 합니다. 본인은 3회 연속으로 대통령을 한 것이 아니라 총리를 한 다음에 다시 대통령이 된 것이니 첫 임기라는 것이죠. 게다가 한발 더 나아가 바로 대통령 임기를 4년에서 6년으로 늘렸습니다.

6년 임기가 끝나자 당연하듯이 2018년 재선에 출마해 당선되어 현재 네 번째 대통령직을 수행하고 있습니다. 2024년이 되면 임기가 끝나는데 푸틴 대통령은 그때가 되면 물러갈까요? 눈치챘겠지만 물러나지 않습니다. 헌법을 뜯어고쳤거든요.

처음 개정된 헌법을 보고 푸틴이 웬일로 착해졌냐고 다들 놀랐습니다. 누구든 대통령은 평생 2번 이상 못한다고 헌법에 못을 박았거든요. 푸틴 대통령이 드디어 정신을 차렸고, 헌법에 따라 곧 권좌에서 내려올 거로 생각했습니다. 그런데 아니나 다를까, 헌법을 자세히 보니 헌법 개정 전 대통령을 했던 것은 없던 걸로 하겠다는 특별 조항이 있었습니다.

결국 푸틴은 개정한 헌법에 따라 앞으로 두 번 더 대통령을 할 수 있다는 얘기였죠. 한 번에 6년이니까 총 12년을 더 할 수 있다는 계산이 나오는데, 푸틴이 84세가 되는 2036년까지 대통령에 있겠다는 것입니다. 말 그대로 죽을 때까지 독재자의 길을 걷겠다는 푸틴을 러시아 국민은 도대체 왜 좋아할까요?

푸틴이 인기 있는 3가지 이유

우크라이나 침공 전에도 푸틴 대통령은 이미 국제사회에서 악명이 높았습니다. 국내에서 자신의 정치적 경쟁자에 테러를 일삼고 언론 자유를 침해하는 등 자유민주주의를 훼손하는 모습이 많았습니다. '안에서 새는 바가지 밖에서도 샌다'는 말이 있듯이 푸틴 대통령의 독단적인 모습은 다른 국가 지도자를 만날 때 드러났습니다. 그중 대표적인 것이 회담 시간에 일부러 늦는 것입니다.

'지각 대장' 별명이 붙을 정도로 늦는 푸틴 대통령은 보통 상대를 기죽이게 하려고 1시간가량 기다리게 합니다. 심지어 메르켈 독일 총리는 4시간15분을 기다린 적이 있다고 하고, 아베 일본 총리는 3시간을 기다렸습니다. 재밌는 것은 북한 김정은 위원장을 만날 때는 먼저 와서 기다렸다고 합니다.

이렇듯 국제사회의 푸틴 대통령의 인기는 최악입니다. 그런데 국내에서의 푸틴 대통령의 인기는 대단합니다. 2000년 대통령이 된 후 적게는 60%에서 80%까지 지지도가 이례적으로 높은 상태를 유지하고 있습니다. 그렇다면 푸틴 대통령이 러시아 국민에게 인기가 높은 이유가 무엇일까요?

첫째, 푸틴이 대통령이 되고 나서 러시아는 아주 높은 경제성장을 하고 있습니다. 잘 먹고 잘살게 해주는 것만큼 인기에 확실한 것은 없죠. 러시아는 소련 시절 미국 다음으로 전 세계 2위 경제대국(GDP

기준)이었습니다. 그런데 1990년 들어 소련이 해체되고 개혁·개방 직후 러시아 경제가 곤두박질치게 되었습니다. 급기야 1998년 채무지급유예(모라토리엄)를 선언하였습니다. 경제가 어려워 외국에서 빌린 돈을 갚지 못하는 지경까지 왔으니 혼란 그 자체였습니다.

이런 상황에서 푸틴이 대통령이 되자 거짓말처럼 러시아 경제가 급성장하게 되었습니다. 사실 푸틴 대통령이 한 것은 별로 없는데, 세계 경제 흐름이 호전되면서 러시아에 딱 좋은 상황이 된 것입니다. 자원 대국인 러시아에 매장되어 있는 원유, 광물을 전보다 몇 배 더 비싸게 사고 싶다는 나라가 줄 서 있으니 앉은 자리에서 돈을 쓸어 담았습니다.

둘째, 러시아의 자부심을 회복한 지도자로 받아들이기 때문입니다. 소련이 해체되면서 국토가 쪼그라들고, 미국과 유럽으로부터 경제지원을 받는 과정에서 러시아 국민은 자존심이 많이 상했습니다. 다들 미국과 대등하게 전 세계를 양분했던 소련 시절을 그리워했습니다. 그런데 때마침 강한 지도자 푸틴이 혜성처럼 나타나 그 향수를 자극한 것이죠.

러시아 국민의 'Retro 소련'에 대한 의식이 얼마나 강한지는 여론조사를 통해서도 확인할 수 있습니다. 우크라이나 침공 전 60%대였던 지지율이 침공 후 80%를 넘는 것처럼, 조지아 전쟁, 크림반도 병합 같은 러시아 주변 국가들과 전쟁을 할 때 푸틴 대통령의 지지도는 크게 올라갔습니다.

화상으로 정부 인사들과 회의를 하고 있는 블라디미르 푸틴 러시아 대통령 ©크렘린

셋째, 푸틴 대통령 외에 지도자가 없습니다. 푸틴 대통령이 만든 상황이기도 하지만, 푸틴은 자신과 대적할 만한 지도자는 새싹부터 잘라버렸습니다. 대표적인 인물로 알렉세이 나발니가 있는데 푸틴이 독살 시도까지 했다고 알려졌습니다.

나발니는 가까스로 독살은 피했지만 장기간 병원에 입원했습니다. 퇴원 후 평소처럼 푸틴 대통령을 반대하는 활동을 했던 나발니는 바로 감옥에 갇혀 있습니다. 여러 가지 죄목에 걸려 징역 9년을 살게 되었는데 언제 풀려나올지 푸틴만 알 수 있습니다.

나발니를 제외하고 러시아 국민의 지지를 받을 만한 야권 지도자는 보이지 않습니다. 푸틴 대통령에 대항하는 사람이야 조금 있지만, 너무나 미약합니다. 그들에게 러시아를 맡길 바에 차라리 푸틴 대통령의 독재를 용인하는 것이 낫다고 생각할 정도이니까요.

러시아 북극곰이 겨울잠에서 깨다

푸틴은 대통령 초기 시절에는 미국과 마찰은 피했습니다. 20세기 냉전시기 미국과 소련이 대량의 핵탄두와 대륙간탄도미사일(ICBM)로 서로를 조준하였던 것을 내려놓는 '전략무기감축협정(START)'을 착실히 실행하였습니다.

소련이 해체되는 시기 전략무기감축협정은 미국보다는 러시아가 밑지는 장사라는 말이 많았습니다. 러시아가 미국을 앞서는 것이 몇 안 되는데, 그중 하나가 핵탄두 숫자였거든요. 그것을 미국과 비슷한 숫자로 감축하는 결정은 푸틴이 대통령 되기 전 이뤄졌습니다.

푸틴 대통령은 전임자의 결정을 충실히 따랐습니다. 협정 체결보다 중요한 것이 착실히 실행하는 것인데, 푸틴 대통령은 그 점에서 큰 역할을 하였습니다. 푸틴 대통령은 G8(주요 8개국 정상회담)같이 미국과 서방세계가 주도하는 다양한 다자기구에도 참여하면서 국제사회의 주요 일원으로 역할을 하였습니다. 북한 핵 문제 해결을 위한 '6자회담'에서도 북한과 중국에 치우친 주장보다는 남한과 미국의 주장에 동조하기도 했고요.

2001년 9월 11일 미국 뉴욕에서 일어난 '9·11테러' 이후 양상도 그랬습니다. '9·11테러'는 역사상 최악의 테러 중 하나로 3,000여 명이 사망하고 2만5,000여 명이 다치고 100억 달러의 재산 피해와 세계적인 경제활동에 큰 타격을 입혔습니다.

미국은 범인을 잡기 위해 '테러와의 전쟁'을 선포하고 10년 넘게 전 세계를 들쑤시고 다녔습니다. 과거 소련 시절 전통적인 우방이었던 나라들이 테러지원국으로 의심받고 혼나고 있을 때도 러시아는 꿀 먹은 벙어리처럼 먼 하늘만 바라보았습니다. 미국에 협력할 것은 협력하지만 우방국이 두들겨 맞는데 지나치게 저자세 아니냐는 국내외 비판을 심하게 받았습니다.

20세기 때만 하더라도 전 세계를 양분해 미국과 경쟁했던 러시아의 과거를 떠올려보면 격세지감이었습니다. 그런데 러시아의 침묵은 2010년 즈음부터 변하기 시작했습니다. 2000년 초반부터 좋아진 러시아 경제가 겨울잠을 자고 있던 북극곰의 본능을 깨운 것이죠.

러시아는 나아진 경제력의 뱃심으로 국제사회에 전보다 더 큰 목소리를 내기 시작했습니다. 또한 전통적으로 강했던 과학기술에 투자를 재개하면서 우주항공산업, 방위산업에 미국의 최대 경쟁자로 다시 올라섰습니다.

미국과 중국의 우주항공산업이 빠른 속도로 발전하고 있지만, 최초 유인우주선을 쏜 나라답게 현재까지 러시아는 가장 많은 우주로켓을 발사했으면서도 실패율이 가장 낮습니다.

물론 러시아가 경제 회복을 하였다 하더라도 20세기 세계 2위 경제력으로 복귀한 것은 아닙니다. 많이 회복하긴 했지만 전 세계 10위권으로 우리나라와 비슷한 수준입니다. 그렇기에 21세기 미국과 러시아의 마찰은 전 세계가 아니라 러시아와 근접한 유라시아에 한정됩니다.

러시아는 국토가 유럽과 아시아에 펼쳐져 세계에서 가장 큰 나라답게 이 지역에서 미국보다 우세하거나 최소한 대등한 관계가 되기를 바랍니다. 미국은 대서양이나 태평양을 건너야 올 수 있는 곳인데, 러시아의 앞마당에서조차 밀린다는 것은 자존심의 문제죠.

물론 반대로 미국은 전 세계 어느 곳이든 우월한 지위를 유지하려고 합니다. 러시아 앞마당도 예외는 아니고요. 이런 이유로 유라시아는 미국과 러시아의 첨예한 대립이 펼쳐지는 장이 되고 있습니다.

미국과 러시아의 배틀그라운드

미국은 유라시아에서 러시아를 고립시키려고 하고 있고, 러시아는 미국을 쫓아내려고 합니다. 소련 붕괴 이후 미국에 밀리고 밀렸던 러시아가 더는 가만히 안 있겠다 한 것이 '남오세티야 전쟁'이었습니다. '러시아·조지아 전쟁'이라 불리기도 하는데, 미국 뒷심을 믿고 있던 조지아는 러시아와 친한 남오세티야(조지아 내 자치주)를 공격한 것이 발단이었습니다.

러시아는 바로 개입하였고, 조지아는 4일 만에 항복했습니다. 러시아의 화력은 예상보다 강했고, 미국의 도움은 예상과는 달리 없었습니다. 이 전쟁은 사실상 원유와 천연가스의 주요 수송로를 확보하기 위한 미국과 러시아의 대리전이었습니다. 그런데 생각보다 싱겁게 끝났습니다.

그 후 우크라이나에서 미국과 러시아의 본격적인 갈등이 벌어졌습니다. 2014년 러시아가 우크라이나를 침공해서 크림반도를 병합했습니다. 크림반도는 남오세티야와는 차원이 다른 알짜배기 땅입니다. 매년 관광객이 수백만 명이 넘고 육지와 근처 바다에 묻힌 자원이 엄청납니다.

러시아가 크림반도를 병합하는 과정에 미국은 아무것도 하지 않았고 모든 것이 끝난 후 '인정할 수 없다'라는 선언을 한 것이 전부였습니다. 러시아는 과거 소련 안에 있다가 독립한 국가를 야금야금 삼키고 있고, 현재 우크라이나도 그런 과정에 있습니다. 도대체 왜 러시아는 세계 1위 강대국 미국의 눈치를 보지 않는 것일까요?

러시아는 미국이 아프가니스탄, 이라크와 전쟁을 치르면서 힘이 많이 빠졌다고 분석했습니다. 미국의 핵심적인 이해관계가 없는 곳에 예전처럼 큰돈을 쓰면서까지 개입할 수 없다는 것을 러시아는 잘 알고 있는 것이죠.

우크라이나 전쟁이 어떻게 결론이 날지 모르겠지만, 러시아는 그것으로 만족하지 않을 것입니다. 러시아와 인연이 얽히고설켜 있으면서 정치·경제가 불안한 모든 국가가 러시아의 주요 먹잇감입니다.

이런 국가들은 멀리 있는 미국보다 가까이 있는 러시아의 당근과 채찍이 효과가 큽니다. 헝가리와 폴란드는 러시아의 이런 행태를 이미 소련 시절 충분히 경험했기에 미국에 의존하지 않고 자체 군사력 증강에 몰두하고 있습니다. 최근 폴란드가 한국의 무기를 대량 구매하고 있는 이유도 바로 이 때문이죠.

미국과 러시아가 부딪치는 곳은 동유럽만이 아니라 동북아시아도 있습니다. 러시아·중국·북한이 삼각동맹이고, 미국·일본·남한이 다른 삼각동맹입니다. 20세기 냉전 이후 잠깐 멈췄다가 21세기 신냉전이 되면서 동북아시아는 각 삼각동맹을 중심으로 다시 갈등이 커지고 있습니다.

러시아는 유라시아 안마당에 미국이 설치는 것을 자신만큼 싫어하는 중국과 손을 잡으면 미국과의 싸움에서 충분히 승산이 있다고 생각합니다. 그래서 러시아는 중국과 합동군사훈련을 하면서 양국 최첨단 군사무기를 활용하는 수준까지 협력하고 있습니다.

두 나라가 가야 할 길

사실 미국과 러시아가 상대적으로 가까웠던 적이 있는데, 그때가 바로 트럼프 대통령 시기입니다. 2016년 미국 대통령 선거에 러시아 정부가 개입한 정황이 있다고 미국 언론이 보도해서 난리가 났었는데 그때 당선된 대통령이 트럼프 대통령이었습니다.

2020년 중간선거에서도 러시아가 개입했다고 알려졌는데, 왜 푸틴은 트럼프 당선을 밀었을까요? 트럼프가 경제인 출신이라 러시아와 협력하는 것을 사사건건 반대하는 정치인 출신 대통령보다 낫다는 의견부터, 그의 아내가 과거 소련이었던 슬로베니아 출신이라 친숙하다는 의견까지 다양했습니다.

무엇이 맞는지는 모르겠지만 중요한 것은 미국과 러시아의 갈등은 모두를 위해 해소되어야 합니다. 미국과 러시아가 협력해서 운영 중인 국제우주정거장(ISS) 사례가 다방면에 펼쳐져야 합니다. 불가능할 것으로 보였던 '전략무기감축협정'까지 충실히 이행하는 것만 보더라도 충분히 가능한 일입니다.

소련 민주주의에 큰 획을 그었던 고르바초프 전 서기장이 지난 8월 사망했습니다. 향년 91세의 나이였는데, 전 세계 주요 지도자들이 모두 애도를 표했습니다. 1990년 노벨평화상을 수상할 정도로 세계평화에 큰 업적을 남겼던 고인은 정작 러시아 국민에게 평가가 좋지 않았습니다.

러시아 민주주의가 꽃폈던 고르바초프 서기장과 옐친 대통령 시기가 역설적으로 가장 경제적으로 살기 어려웠던 거죠. 러시아 국민에게 민주주의는 배고픔과 동의어였다는 것이 미국의 뼈아픈 실책이었습니다.

러시아는 미국처럼 덩치가 큰 어른입니다. 그러나 러시아의 민주주의 경험은 소련 붕괴 후 푸틴 대통령 임기 초기까지라고 본다면

고르바초프의 개혁과 군사 감축

미하일 고르바초프 서기장은 소련을 개혁·개방한 후 미국과 군비 경쟁 축소에 관한 회담을 했다. 1987년 3번째 회담만에 미하일 고르바초프와 로널드 레이건이 백악관에서 중거리핵전력협정(INF)에 서명했다. 이 협정으로 미국과 소련의 사거리 500km에서 5,500km인 중거리 지상발사형 중거리탄도와 순항미사일이 폐기되었다.

20년이 채 안 됩니다. 민주주의 잣대로 보면 러시아의 민주주의는 이제 어린아이가 갓 걸음마를 뗀 것입니다. 걷다가 넘어지면 아프니까 전처럼 기어 다니는 경우가 있는데, 러시아가 민주주의 이전으로 돌아가지 않게 하기 위한 노력이 필요합니다.

넘어져 울고 있는 아이에게 괜찮다고 하면서 응원하는 부모처럼 미국이 이랬다면 어땠을까 하는 아쉬움이 있습니다. 푸틴 같은 사람이 대통령이 될 수 있었고 우크라이나 전쟁에 러시아 국민의 절대적인 지지를 받는, 잘못되어도 크게 잘못된 이 상황의 책임 일부는 미국에 있습니다.

미국이 소련 붕괴 이후 'NATO(북대서양조약기구)'를 활용하여 러시아를 일방적으로 밀어붙였던 정책에 대한 반성도 필요합니다. 서독과 동독이 통일될 때 동독 사람이 겪었던 박탈감까지는 아니었지만, 러시아 경제가 10년 넘게 휘청거렸던 이유 중 하나가 미국이었다는 것은 의심할 여지가 없습니다.

소련이 무너진 후 미국 주도의 자본주의에 편입되던 시기의 미국이 러시아에 욕심을 덜 부렸었다면 현재 미국과 러시아의 관계, 세계 속의 러시아는 분명히 현재와 달랐을 것입니다.

당장 러시아를 어떻게 할 수 없겠지만, 러시아 국민이 제정신을 차리는 순간 러시아를 정상적으로 돌려세울 수 있는 국가는 미국밖에 없습니다. 가장 늦었다고 생각할 때가 빠른 것입니다.

러시아의 우크라이나 침공은 제3차 세계대전의 서막이라고 말하는 사람이 있는데, 우선 전쟁을 빨리 종식시켜야 합니다. 러시아가 병력을 후퇴하고 종전을 할 수 있게 미국을 비롯한 국제사회가 움직여야 합니다. 유라시아에 다시는 이런 일이 생기지 않도록 미국과 러시아가 상호 양보할 것은 하고 UN(국제연합)이 보장하는 협정이 속히 체결되어야 합니다.

그리고 러시아 국민 스스로 민주주의를 고민하는 과정이 필요할 것입니다. 통제된 사회에서 국가가 제공해 주는 정보만 접하고 전보다 배부른 것에 만족하는 것이 마냥 좋지 않을 것입니다. 언젠가 애써 외면했던 민주주의 가치를 깨닫는 순간이 분명 올 것입니다.

당장 2022년 10월 푸틴 대통령의 징집령이 발동하자 러시아 청년들이 군대에 끌려가지 않으려고 몸부림치는 모습이 보이지 않았습니까? 민주주의 훼손이 남에게만 적용되다가 어느 날 나에게 적용되는 순간 러시아가 잘못되었다는 것을 러시아 국민은 깨닫게 될 것입니다. 이로 인해 시간은 종신 독재를 하려는 푸틴 대통령의 편이 아닐 수도 있습니다. 역사는 분명 교훈을 주었고 다시 증명할 것입니다.

3

러시아와 우크라이나, 핵을 넘겨 버린 원죄

러시아와 우크라이나, 핵을 넘겨 버린 원죄

2022년 2월 중국 베이징 동계올림픽은 경기 내용만큼 '코로나19' 이후 첫 세계인들의 행사이자, 미국이 주도한 '보이콧' 등으로 경기 외적인 요소가 세계인들의 관심을 끌었습니다. 그리고 또 하나, 올림픽 이후 러시아가 정말 우크라이나 침공을 할 것인가라는 의문이 올림픽 개최 전부터 설왕설래되었습니다.

2021년 말부터 러시아의 우크라이나 침공 징후가 있다는 언론의 보도가 있었지만 다들 크게 믿지 않았습니다. 우스갯소리로 코로나19가 지구촌 모든 분쟁을 막는 평화의 전도사라는 얘기가 더 신뢰성 있는 때였습니다.

그런 분위기에서 올림픽은 열렸고 폐막한 지 4일 후 러시아는 기다렸다는 듯이 우크라이나를 침공하였습니다. '평화의 제전'이라 불리는 올림픽 직후에 전쟁을 일으킨 것에 전 세계인들은 경악을 금치 못했습니다.

2014년 러시아의 우크라이나 침공은 '돈바스'와 '크림반도'의 국지적 분쟁이었다면 2022년 침공은 우크라이나 수도 키이우를 비롯한 전역을 공격하는 전면전입니다. 2014년 침공 이후 '돈바스'는 정리가 되지 않은 교착상태였는데, 설마 러시아가 돈바스를 넘어 이렇게까지 침공하리라 누구도 예상하지 못했습니다.

저는 2014년에 우크라이나를 간 일이 있는데, 며칠 전 러시아가 침공했다는 얘기를 듣고 깜짝 놀라 우크라이나 키이우에 사는 친구한테 전화한 적이 있습니다. 그 현지 친구는 생각보다 목소리가 차분했고 저는 거기 괜찮냐고 물었습니다.

그런데 그 친구의 대답이 아직도 귀에 선합니다. "야, 걱정하지 마. 어쩌면 내가 너보다 안전할 수 있어." 사실 그때 북한에서 남한을 향해 고사총을 발사하고 미사일 실험을 여러 번 하던 때라 서로 씁쓸한 웃음을 지으며 통화를 마무리했었는데, 이제 웃음이 안 나옵니다.

최근에 다른 우크라이나 친구로부터 이메일이 왔습니다. 남자 대부분은 이미 군대에 갔고 여성들과 아이들만 러시아와 반대편 국경인 폴란드 근처에 지낸다고 하였습니다. 전쟁 초기에 지하 벙커에 들어가 숨었을 때 아이들이 공포에 질렸는데, 지금은 모습이 많이 좋아져 다행이라고 했습니다.

"이 전쟁은 언제까지 계속될까?" 전 세계인들이 현재 갖는 의문입니다. 러시아의 침공 직후 군사전문가와 언론은 러시아의 압도적인 화력으로 우크라이나는 얼마 버티지 못하고 함락될 것으로 생각했습니다. 일반인들도 다들 그렇게 예상했습니다. 우크라이나가 어떤 나라인지는 자세히 모르지만, 러시아는 최근까지 미국과 군사력 1, 2위를 다퉜던 나라이기에 결과는 뻔하다고 본 거였죠.

그런데 전쟁이 발발하여 1년 가까이 된 현재 우크라이나는 많은 어려움이 있지만 무너지지 않았습니다. 우크라이나 국민 모두 똘똘 뭉쳐 이겨내고 있고, 국제사회가 긴급구호와 군사 지원을 하고 있습니다. 앞으로 이 전쟁이 언제까지 지속할지 모르겠지만, 유엔을 비롯한 국제기구와 각 국가는 21세기 인류 문명에 대한 도전을 심각하게 고민해야 할 것입니다.

그런데 그 고민에 앞서 러시아가 이 시기 우크라이나를 침공한 이유가 무엇인지 알아봐야 합니다. 그 많은 나라 중 왜 우크라이나였는지, 그다음 침공할 가능성이 있는 나라가 있는지도 걱정됩니다. 혹자는 제3차 세계대전의 서막이라고 하는데, 정말 그렇게 될 것인지도 고민하게 됩니다.

우리에게 생소한 우크라이나

우크라이나는 우리나라 사람에게는 생소한 나라입니다. 어렴풋

이 러시아와 가까이에 있는 나라 정도로 생각됩니다. 1950년 한국 전쟁 때 유엔군이 참전하면서 다들 '코리아'가 어디에 있는지 몰랐던 것처럼 우크라이나는 멀게 느껴집니다.

우크라이나는 1991년까지는 소련 안에 속해 있다가 소련이 무너질 때 독립하였습니다. 러시아 바로 왼쪽 동유럽에 있고, 유럽에서 러시아 다음으로 땅이 큰 나라입니다. 남한과 북한을 합친 한반도보다 3배나 크지만, 인구는 4,200만 명으로 적습니다.

우크라이나 국기는 모든 국가의 국기를 통틀어 가장 그리기 쉽습니다. 직사각형을 절반으로 나눠 위에는 파란색, 아래는 노란색입니다. 파란색은 하늘, 노란색은 밀을 상징한다고 합니다. 그만큼 밀을 비롯한 농업이 발달한 최대 식량 생산 국가입니다. 감자와 메밀은 세계 3위, 옥수수는 세계 5위, 보리와 호밀은 세계 7위, 밀은 세계 8위이며, 식용류 원료인 해바라기 씨는 세계 1위입니다. 아무리 농업 국가라 하더라도 다양한 작물을 대량으로 생산하는 경우가 별로 없는데 우크라이나는 말 그대로 '세계의 밭'입니다.

러시아가 침공하자마자 식용류를 포함해 다양한 먹거리 가격이 올라간 것은 그만큼 우크라이나가 세계 식량 공급망에 큰 역할을 하고 있다는 거죠.

우크라이나에 가 본 한국 사람은 별로 없을 텐데 예상외로 관광 대국입니다. 러시아 침공 전만 해도 크림반도 해변을 중심으로 매년 2,400만 명이 찾아올 정도였는데, 우리나라를 찾아오는 관광객의 2

세계의 밭, 우크라이나

우크라이나는 대부분의 국토가 흑토로 되어 있다. 흑토는 기름진 검은 흙을 가리키는 말로 러시아어로 체르노좀이라고 부르기도 한다. 흑토는 넓은 초원에서 생성된 토양을 말하며 인산, 인, 암모니아가 결합하면서 형성된 부식토이기 때문에 검은색을 띤다. 농업에 적합한 흙으로 이 흙이 분포한 지역에 세계적인 곡창지대가 형성되어 있다. 우크라이나와 동유럽에 분포하고 미국에서는 중서부에서 캐나다에 이르는 밀 생산지대 등에 분포한다.

배입니다.

중공업은 예전과 달리 많이 약해져서 주로 철광석과 같은 자원을 가공해서 수출합니다. 동부지역이 전통적인 산업지대이고, 소련 시절 가장 활기를 띠었던 곳입니다. 소련의 주요 군사 관련 연구소들도 대부분 우크라이나 동부지역에 있었습니다. 자연스레 소련의 핵무기도 이 지역에 많이 설치되었습니다.

오죽하면 우크라이나가 소련으로부터 독립했을 때 남겨진 핵무기와 시설이 많아 자동으로 세계 3위 핵 강국이 될 정도였으니까요. 1980년대 중반 폭발사고가 나 전 세계의 이목을 집중하게 했던 '체르노빌 발전소' 역시 이 지역에 있습니다.

이런 소련 시대의 영향으로 우크라이나 동부는 러시아와 인연이 아주 깊습니다. 러시아 국적인 사람이 30%이고, 크림반도 같은 경우에는 60%나 됩니다. 우크라이나 땅이지만 우크라이나어보다 러시아어를 더 자연스럽게 사용할 정도입니다.

애증의 역사

이렇듯 우크라이나는 서부와 동부의 지역색이 확연히 구분됩니다. 동부로 갈수록 러시아와 거리상 가까워서 그런지 영향을 크게 받습니다. 동부는 정치, 경제, 사회, 문화 전 분야가 러시아에 개방적이고 친숙합니다. 이에 반해 서부는 러시아에 적대적입니다.

그렇다고 '뭔 나라가 이렇게 생각이 서로 다르지?'라고 생각할 것은 아닙니다. 민주주의가 발달한 나라나 미진한 나라나 생각의 차이는 다 있는 거니까요. 우리나라도 많이 나아졌다고 하지만 영호남 갈등은 여전합니다. 이런 갈등은 국내 문제만이 아니라 주변 국가인 북한, 일본, 중국을 대하는 데서도 매우 다르다는 것을 알게 됩니다. 우크라이나도 마찬가지인 거죠.

다만 우크라이나는 이 생각의 차이가 자주 폭력으로 비화된다는 것이 문제입니다. 가끔 국회의원들끼리 의사당에서 난투극을 벌이는 뉴스 영상이 나오는데 우크라이나는 그 분야의 단골손님입니다.

이런 극단적인 대립은 이례적인데, 그 이유가 있습니다. 러시아와 우크라이나는 역사적으로 애증의 관계라는 점이죠. 두 나라는 10세기 중세시대부터 같은 동슬라브 민족 공동체로 한 국가였습니다. 현재 우크라이나 수도인 키이우가 두 나라의 기원입니다.

이 지역은 그 후 몽골제국을 비롯한 다양한 민족들이 침입하였고, 주인이 여러 차례 바뀌었습니다. 동슬라브 민족은 러시아와 우크라이나 지역으로 나누어졌다 합쳐지기를 반복하였습니다. 17세기 들어와 우크라이나 지역은 러시아 제국으로 점차 흡수되었고, 하나의 국가가 되었습니다. 러시아 제국이 소련이 되는 과정에서도 두 지역의 갈등은 크지 않았고 하나의 민족으로서 동질감을 유지하고 있었습니다.

문제는 20세기 들어와서 발생했습니다. 1930년 초반 우크라이나에 대기근으로 300만의 사람이 굶어 죽는 대참사가 벌어졌던 것이죠. 우크라이나는 그때나 지금이나 곡창지대인데 어떻게 이런 일이 발생하였을까요?

그 당시 소련의 지도자였던 스탈린의 우크라이나 지역 농업정책이 문제였습니다. 농업을 강제로 집단농장화시켜 생산량이 감소하여 곡물 생산량이 곤두박질쳤던 거죠. 엎친 데 덮친 격으로 그 당시 가뭄이 들었고 그나마 있던 곡물도 러시아 지역이 더 급하다고 해서

1932년부터 1933년까지 소련의 자치 공화국이었던 우크라이나에서 발생한 대기근으로 250만 명에서 350만 명 사이 사망자가 발생했다. '홀로도모르'(기아로 말미암은 치사라는 뜻)로 일컬어진 이 그림은 공식적으로 스탈린에 의한 집단살해(genocide)로 기록되고 있다.

빼돌렸습니다. 식량을 숨기면 15배의 식량을 빼앗아 가고 처형되기도 했습니다. 끔찍한 기근과 아사로 3년 동안 우크라이나 지역 3분의 1에 해당하는 150만 명이 굶어 죽은 이른바 '홀로도모르' 사태가 발생한 것입니다.

우크라이나 국민은 "같은 민족끼리 어떻게 그럴 수 있어?"라며 굶어 죽어갔고, 그때 살아남은 사람들은 러시아에 씻을 수 없는 증오심을 갖게 되었습니다. 물론 그 전에도 사이가 아주 좋은 것은 아니었지만, 러시아에 대한 마음은 이 사건을 계기로 매우 차가워졌습니다. 그 후 60년 동안 소련이라는 하나의 국가에서 지내다 1990년대 독립했는데 2000년대 들어와 국론이 크게 분열되기 시작한 것이죠.

러시아 자금이 동부 산업지역에 몰리고 크림반도에 찾아오는 러시아 관광객이 넘쳐나면서 경제적인 의존이 정치적인 의존으로 확대되는 것에 찬반이 극명하게 갈라지게 된 것입니다. 즉 러시아가 하라는 대로 웬만하면 하자는 동부 사람들의 '실용적인 입장'과 실리를 탐하다 주권을 침해당할 수 있다는 서부 사람들의 '주체적인 입장'이 맞서게 된 것이죠.

심각한 것은 동부나 서부나 각자 '생존과 자존심의 문제'로 이 문제를 대하다 보니 대화가 아니라 폭력이 뒤따르는 싸움과 시위로 번졌습니다.

우크라이나의 자중지란

인간이나 동물이나 홀로서기는 참 어렵습니다. 부모 품에 있을 때는 고민하지 않던 것을 일일이 결정해야 합니다. 옆에 있는 누가 도움이 될지, 해가 될지 판단해야 하고 그 결과에 대한 책임을 져야 합니다.

소련으로부터 독립한 직후 우크라이나의 홀로서기가 딱 그랬습니다. 모든 것을 의존했던 것에 탈피해 국가 지도자를 국민의 손으로 뽑는 것부터 도로를 건설하고 군대를 만드는 등등 해야 할 일이 많았습니다.

대외 관계도 마찬가지였습니다. 예전처럼 러시아에 의존해야 하는지, 새롭게 서유럽과 관계를 터야 하는지 고민도 했습니다. 물론 두 군데 모두와 좋은 관계를 유지하는 것이 정답입니다. 그래서 그런지 우크라이나 초기 대통령들은 러시아를 자극하지 않으면서 서유럽과 가까워지려고 노력하였습니다.

우크라이나의 풍요로운 미래를 위해서 경제공동체인 EU(유럽연합)와 협력을 하고, 나아가 회원국이 되려는 준비를 차곡차곡 해나갔습니다. 안보공동체인 NATO(북대서양조약기구) 가입도 고려하기 시작했고요. 물론 러시아는 싫어했지만, 국내 문제로 복잡했기 때문에 당분간 우크라이나를 지켜보자는 심산이었습니다.

그러다 2004년 우크라이나 정국이 크게 흔들리는 사건이 발생했는데, 3대 대통령 선거에서 친러 성향의 여당 대통령 후보였던 '빅토르 야누코비치'를 당선시키기 위한 부정선거가 발각되었던 것이죠. 결국 야당을 중심하고 일명 '오렌지 혁명'(야당을 상징하는 오렌지색 의미)이 일어났고 재투표로 반러 성향의 '빅토르 유센코'가 당선되었습니다.

그런데 황당한 것은 빅토르 유센코 대통령은 재임 중 반러에서 친러로 돌아서게 되었고, 시간이 흘러 4대 대통령 선거에 다시 '빅토르 야누코비치'가 나와 당선되었다는 것입니다. 두 명의 친러 성향의 대통령은 러시아가 싫어하는 유럽연합과 나토 가입을 재임 중 철회

우크라이나 동부의 돈바스 지역과 크림반도

하였습니다.

이렇게 되자 우크라이나 국민은 '유로 마이단 혁명'이라 불리는 대대적 시위를 벌였고, 정부의 강경 진압으로 유혈사태로 격화되었습니다. 이로 인해 빅토르 야누코비치 대통령은 탄핵되었고, 반러 성향의 과도정부가 세워졌습니다.

문제는 거꾸로 친러 성향인 우크라이나 동부지역 '돈바스'와 '크림반도' 주민들은 이 과도정부를 인정하지 않았다는 것입니다. 오히려 우크라이나로부터 독립하거나 아예 러시아로 편입하는 움직임을 보인 것이죠.

당연히 우크라이나 정부는 이를 막았고, 러시아는 자국민에 대한 탄압을 막겠다는 명분으로 2014년 '돈바스'와 '크림반도'에 군대를 보내 전쟁을 일으켰습니다. 이때 '크림반도'는 러시아에 강제 병합이 되어 일단락되었습니다. 문제는 '돈바스' 지역이었습니다.

국제사회의 적극적인 중재로 2차례 휴전협정(제1, 2차 민스크협정)이 맺어졌지만 임시방편이었습니다. 이를 수습해야 할 페트로 포로셴코 5대 대통령은 심각한 부패로 지지도가 바닥을 쳤습니다.

이어 당선된 '볼로디미르 젤렌스키' 6대 대통령은 우크라이나 유대인 가정에서 태어난 사람입니다. 부모님은 공학자이자 교수였고, 젤렌스키는 키이우 대학에서 경제학 및 법학 공부를 하였으나 코미디언을 꿈꾸었습니다. 그는 '인민의 종'이라는 드라마에서 부정부패에 저항하는 청렴한 대통령으로 출연하였습니다. 드라마는 우크라이나의 부조리한 정치 현실을 과장하고 우스꽝스럽게 풍자하여 매우 큰 인기를 얻었고, 그 인기에 힘입어 정말 대통령으로 당선되었습니다. 그러나 처음엔 현실 정치에서 경험 부족으로 갈팡질팡하는 모습을 보여주었습니다. 이에 따라 우크라이나가 해결해야 할 러시아와 관련한 국내외 문제 역시 차일피일 미뤄지게 된 것이죠.

러시아에게 우크라이나란?

러시아 대통령 푸틴은 경제력 회복을 통해 생긴 자신감으로 과거 소련의 영광을 재현하려고 하였습니다. 정치, 경제, 안보공동체인

'유라시아 경제공동체'를 벨라루스, 카자흐스탄과 출범시켰고, 소련에서 독립한 국가들을 다시 불러 모았습니다. 푸틴은 이 과정에 우크라이나의 참여를 아주 중요하게 생각하였고 그 이유는 크게 세 가지였습니다.

첫째, 속된 말로 우크라이나는 피지컬이 아주 좋습니다. 유럽에서 러시아를 제외하고 가장 큰 나라가 우크라이나입니다. 4,700만의 많은 인구, 풍부한 지하자원은 덤입니다. 푸틴 대통령의 구상이 성공하려면 이 정도 규모의 국가 하나 정도는 들어와야 합니다.

둘째, 우크라이나 지정학적 위치가 절묘합니다. 바둑 용어로 '꽃놀이패'라는 것이 있습니다. 즉 어느 한쪽은 별로 중요하지 않지만, 다른 쪽은 아주 중요한 패를 말합니다. 축구 경기를 예로 든다면 이미 월드컵 본선을 확정한 팀과 그렇지 않은 팀의 시합 같은 것입니다. 확정한 팀은 이기든 지든 상관없지만, 그렇지 않은 팀은 무조건 이겨야 본선에 올라갈 수 있는 시합이 딱 그런 상황입니다.

이것이 어떻게 러시아와 우크라이나에 적용되느냐고요? 유럽 지도를 펼쳐보면 바로 알 수 있습니다. 유럽 대륙은 남부에 알프스산맥 같은 고지대가 많고 북부에 평지 지역이 가늘고 길게 이어져 있는데, 이곳이 주요 교통로입니다. 서유럽에서 가느다란 통로를 지나면 우크라이나부터 평야가 나오는데 바로 모스크바까지 이어집니다.

즉 우크라이나가 친러국가일 때는 문제가 없는데, 반러국가가 되는 순간 '유라시아 공동체'는커녕 러시아 자체가 사방에 적이 들어올 수 있는 위험에 빠지게 됩니다. 유럽연합이나 나토가 우크라이나를 통해 육지에서 러시아를 공격할 의도는 없겠지만, 러시아로서는 수도가 적에 노출될 가능성이 조금만 있어도 히스테리 반응을 보일 수밖에 없습니다.

이는 러시아가 2014년 우크라이나 크림반도를 합병한 것만 봐도 추측할 수 있습니다. 러시아는 친러 성향의 소수민족을 도와 분리독립을 도운 적은 많지만 합병한 사례는 딱 하나 크림반도밖에 없습니다. 크림반도는 흑해를 거쳐 지중해로 나아갈 수 있는 유일한 바닷길이자 러시아 해군이 유럽에 대항할 수 있는 전략적 요충지이기 때문이지요.

셋째, 좋으나 싫으나 같은 민족이고 함께 보낸 시간이 많았기 때문입니다. 그동안 대러시아(러시아), 소러시아(우크라이나), 백러시아(벨라루스)로 불리며 지내왔던 동질감은 세 나라만이 가지고 있는 역사이기도 합니다. 세 나라 간 교류도 많았기 때문에 한쪽은 러시아, 다른 한쪽은 우크라이나 출신인 커플도 많았습니다.

한 가지 재미있는 것은 소련이 처음 만들어졌을 때 모태가 러시아, 우크라이나, 벨라루스 간 연합이었고, 해체 역시 이 3국 정상 간 합의로 이루어졌습니다. 벨라루스는 이미 '유라시아 공동체'에 들어갔으니 우크라이나만 남았던 것이죠.

하지만 우크라이나는 유럽연합과 나토 가입을 포기하지 않았습

우크라이나의 노력에도 쉽게 열리지 않는 유럽연합(EU)과 나토의 문

니다. 특히 2014년 러시아에 크림반도를 뺏긴 후에는 더 적극적으로 가입하려고 했습니다. 1994년 우크라이나에 있던 핵무기를 러시아에 돌려줄 때 러시아와 미국이 참여했던 '부다페스트 안전 보장 각서'가 무용지물이라는 것을 깨달았기 때문입니다.

결국 푸틴은 어차피 내가 못 먹을 것 남도 못 먹게 하자라는 못된 심보를 발동하였습니다. 우크라이나가 '유라시아 공동체'에 참여 안 하려고 하니, 더 강하게 유라시아 공동체에 참여시키고 강제 합병하겠다는 야욕마저 보여주고 있습니다.

3차 세계대전이 아닌 전쟁 종식으로 가는 길

2014년 돈바스 지역의 휴전협정이 지켜지지 않는다는 말도 안 되는 명분을 갖고 러시아가 시작한 전쟁이 9개월이 넘었습니다. 우크라이나 전역은 사망자가 늘어나고 있고 전쟁의 여파가 유럽을 넘어 전 세계로 확산하고 있습니다.

전쟁 초기 전 세계는 러시아의 싱거운 승리를 예상했습니다. 군사력의 차이가 크고 우크라이나 지도자들의 무능으로 인해 우크라이나가 일주일 이상 못 버틸 것으로 생각했습니다. 솔직히 젤렌스키 대통령이 이웃 나라로 제일 먼저 도망쳤을 거라고 사람들은 생각했습니다.

그런데 알고 보니 그는 단순한 코미디언이 아니라 영웅이었습니다. 젤렌스키 대통령은 우크라이나 국민을 위해 끝까지 남아서 싸우겠다고 선언한 것입니다. 이러한 대통령의 언행이 우크라이나 군인과 국민의 사기를 확 끌어올렸습니다. 반면 미국 다음으로 강한 군사력을 보유하고 있다고 알려졌던 러시아는 휘청거렸습니다.

전쟁에 무리하게 징집된 병사, 잦은 고장을 일으키는 전차나 무기들로 인해 여러 문제가 발생하였습니다. 그렇다고 우크라이나에서 러시아가 쉽게 후퇴하지는 않을 것입니다. 어떻게 해야 푸틴이 포기할까 생각을 떠올리면 마땅한 묘책이 안 나옵니다.

일반적인 국가 지도자는 국민의 여론이나 지지도에 영향을 받는

데, 이미 독재자로 군림하고 있기에 크게 신경 쓰지 않습니다. 심지어 황당한 것은 전쟁 후 러시아 국민의 푸틴 지지도가 떨어지기는커녕 오히려 올라가고 있다는 것입니다.

국제사회의 압박과 비난이 거세지만, 푸틴을 저지할 만한 뾰족한 수가 없습니다. 군사적인 제재는 3차 세계대전으로 확전될 수 있어 경제 제재를 하고 있는데 효과가 크지 않습니다. 전쟁 초기에는 러시아 경제가 잠깐 휘청거렸지만, 이후 수출은 더 늘었습니다. 러시아 주요 수출 품목인 에너지 가격이 여전히 높기 때문입니다. 미국과 유럽 국가 중심으로 러시아 제품 수입을 금지했지만, 중국과 인도 같은 나라에서는 이때가 기회라며 사들이고 있습니다.

유럽에서는 독일과 프랑스가 외교적 중재를 하고 있지만, 러시아와 우크라이나 입장 차가 워낙 커서 좁혀지지 않습니다. 러시아는 우크라이나 동부를 크림반도처럼 자국 영토로 합병하려고 하고 있고, 우크라이나는 10㎝ 땅도 줄 수 없다고 버티고 있습니다.

시간이 가면 갈수록 인명 피해는 계속 불어나기에 국제사회는 한시라도 빨리 결론을 내리고 움직여야 합니다. 전쟁 종식을 위해 우크라이나가 먼저 나토 가입에 대한 러시아의 반대를 받아들이고, 러시아 국민이 많은 동부지역에 대한 평화적인 해결을 약속하는 것도 하나의 방법입니다. 그리고 러시아는 이를 받아들이고 빠르게 철군해야 합니다.

이 과정에서 UN(국제연합)이 팔을 걷고 나서야 합니다. 무엇보다 회원국이 다른 회원국을 침공한 것에 대해 손을 놓고 있으면 안 됩니다. 유엔 평화유지군을 파병해서 약속이행을 철저히 감시하게 해야 합니다. 또한 전후 복구를 비롯한 국제사회의 도움 역시 유엔이 주도하면서 우크라이나 국민의 상처를 빨리 보듬어 일상생활로 돌아올 수 있게 힘을 모아야 합니다.

4

미국의 21세기 최장기 전쟁 신기록으로 남을 아프가니스탄 전쟁

미국의 21세기 최장기 전쟁 신기록으로 남을 아프가니스탄 전쟁

저는 실화를 바탕으로 만들어진 영화를 좋아합니다. 소말리아 수도 모가디슈에서 벌어진 미군과 소말리아 민병대의 전투를 그린 할리우드 전쟁영화 '블랙호크 다운(BlackHawk Down, 20001년 제작)'은 정말 최고였습니다.

우리에게는 낯선 나라인 소말리아가 2021년 다시 한국 영화로 나왔는데 큰 인기를 끌었습니다. 코로나19가 한창이던 2021년, 거리두기에도 불구하고 360만명 이상 관객을 동원한 '모가디슈'가 그 주인공입니다.

사실 '모가디슈'의 높은 인기는 영화와 같은 상황이 실제 현실에서 벌어지고 있었기 때문입니다. 그 현실이 바로 미군의 아프가니스탄 철수였습니다. '모가디슈'는 1991년 소말리아 내전으로 이 나라를 떠나려는 사람들의 모습을 영화로 담았는데, 2021년 뉴스에는 아프가니스탄을 떠나려는 사람들의 모습이 매일 방송되었습니다.

나라와 시기만 다를 뿐 혼란 속에 그 나라를 빠져나가려는 민간인과 미군의 모습이 영화와 현실이 구분이 안 될 정도로 손에 땀을 쥐게 하였습니다. 다행히 우리나라는 아프가니스탄에 있는 국민을 안전하게 탈출시켰습니다. 특히 우리나라에 협력하였던 아프가니스탄 현지인을 비밀리에 한국으로 데려오는 '미라클 작전'은 영화보다 극적이었습니다.

그런데 한 가지 도통 이해가 되지 않는 것이 있었습니다. 나라를 탈출하는 이야기가 수십 년 전 일어난 영화의 소재로만 생각했는데, 왜 현실에서 수많은 목숨이 왔다 갔다 하는 상황이 갑자기 벌어졌냐는 것이죠. 세계 최강의 미군이 하루 이틀 아프가니스탄에 주둔했던 것도 아닌데 왜 황급히 도망갔을까요? 그것보다 먼저 미군이 이역만리 머나먼 아프가니스탄에 오랫동안 주둔했던 이유는 무엇이었을까요?

9·11테러가 만든 미국 아프가니스탄 전쟁

2001년 9월 11일 미국 뉴욕에 테러가 발생했습니다. 이슬람 테러단체인 알카에다가 비행기 4대를 납치해서 2대는 뉴욕 세계무역센터, 1대는 워싱턴 국방부 펜타곤에 충돌시켰습니다. 남은 1대는 워

2001년 9월 11일 4대의 항공기가 이슬람 테러단체에 의해 납치되어 일어난 동시다발 자살테러로 미국 뉴욕의 110층짜리 세계무역센터(WTC) 쌍둥이 빌딩과 워싱턴의 국방부 청사(펜타곤)가 공격을 받아 3,000명 이상의 인명 피해가 발생했다.

싱턴 국회의사당으로 향하다 승객들의 반격으로 펜실베이니아 들판으로 추락했습니다.

이 테러로 총 3,000명의 사망자와 수많은 부상자와 경제적인 피해가 발생하였고, 무엇보다 미국 본토에 경제와 안보를 상징하는 건물이 무너졌다는 것에 미국인들은 큰 상처를 입었습니다.

저는 대학 3학년 때 2주일간 미국 LA에 있다가 9월 9일 돌아왔는데 이틀 후 뉴스를 통해 9·11테러를 접했습니다. 그때는 이 테러가 가져올 후폭풍이 얼마일지 가늠하지 못했고, '조금만 늦었어도 2학기 수업에 큰 지장이 있었겠구나' 정도로 생각을 하였습니다. 며칠 동안 미국 내 모든 공항의 항공기 이착륙이 금지되었으니까요. 그러나 한국에 와 보니 후폭풍은 매우 컸습니다.

테러 직후 범인은 아프가니스탄에 근거지를 두고 있는 알카에다 지도자인 오사마 빈 라덴으로 밝혀졌고, 미국은 바로 아프가니스탄 탈레반 정부에 최후통첩을 보냈습니다. 아프가니스탄에 숨어 있는 오사마 빈 라덴과 알카에다를 잡든가, 아니면 미군이 잡으러 갈 테니 방해하지 말라는 것이었죠.

아프가니스탄 탈레반 정부는 거절하였습니다. 알카에다와 공생 관계라 손절하기 어렵고 이역만리 떨어져 있는 미국이 자국을 공격하려면 파키스탄을 통해야 하는데 설마 절친인 파키스탄이 배신할 거라 생각 안 했거든요.

탈레반 정부가 착각했던 것은 9·11테러가 미국에 어느 정도 영향을 주었는지 과소평가했다는 것입니다. 알카에다가 감행한 테러는 미국 역사상 가장 큰 전쟁이었던 1700년대 미국 독립전쟁과 비교될 정도였습니다. 물론 알카에다와 영국은 단체와 국가, 테러와 전쟁이라는 확연한 차이가 있지만, 미국 본토가 공격을 받았다는 점에서 충격적인 사건이었습니다. 제2차 세계대전에서 일본의 진주만 습격으로 받은 충격도 컸지만, 21세기 들어와 겪은 '9·11테러'는 미국인들에게 상상 이상의 고통을 주었습니다.

2000년대 초반만 하더라도 미국은 러시아, 중국보다 압도적인 세계 유일 초강대국으로 군림하고 있었습니다. 그런 미국의 심장부가 허무하게 뚫렸기에 독이 오를 대로 올랐고, '테러와의 전쟁'을 명분으로 전 세계 모든 국가에 '우리와 함께하거나, 아니면 우리에게 맞서거나' 양자택일을 하라고 압력을 가했습니다.

이때 미국의 기세가 얼마나 무서웠던지 천하의 북한마저도 테러 발생 몇 시간 안 지나 '테러 규탄 및 희생자 애도 성명'을 서둘러 발표할 정도였습니다. 결국 파키스탄도 미국에 영공사용권을 넘겼고, 뒤이어 주변 국가인 우즈베키스탄, 투르크메니스탄 등도 자국 영토 및 기지 사용권을 미국에 비용을 받고 넘겨주었습니다.

제국들의 무덤 아프가니스탄

사실 미국이 아프가니스탄 전쟁을 결심했을 때 소수였지만 신중하게 접근해야 한다는 미국 내 의견이 있었습니다. 지금은 당장 분노가 치밀어올라 아프가니스탄을 콩가루로 만들어도 여한이 없겠지만 최강의 군사력을 믿고 쳐들어가기에는 너무 급한 것 아닌가 하는 생각이었죠.

무엇보다 대부분 미국인에게는 생소한 나라인 아프가니스탄은 알면 알수록 묘한 구석이 있었던 것입니다. 그것은 바로 아프가니스탄이 '제국의 무덤'으로 불리는 이유이기도 했습니다.

고대, 중세 때 여러 제국이 아프가니스탄을 잠시 점령했어도 곧

대부분 지역이 고도 600~3,000m 사이의 고지대 산맥으로 이루어진 아프가니스탄의 지형

퇴각하였고, 근현대 제국들도 마찬가지였습니다. 1839년부터 대영 제국은 3차(1차:1839~1842년, 2차:1878~1880년, 3차:1919년)에 걸쳐 아프가니스탄을 침공했지만 약 2만 명의 사상자를 남겨 놓고 후퇴했지요.

아프가니스탄이 제국들의 무덤이 될 수 있었던 것은 무엇보다 나라 자체가 천혜의 요새이기 때문입니다. 등고선이 있는 지도를 보면 누구나 한눈에 알 수 있습니다. 아프가니스탄은 주변에 바다가 없어 육로로만 공격할 수 있는데, 남쪽 사막지대를 제외하고는 산세가 험합니다.

지형 자체가 대부분 고원지대인데 그 위에 산맥이 촘촘하게 자리 잡고 있습니다. 공기 밀도가 낮아서 헬기가 다닐 수 있는 지역이 한정되어 있고 비행기로 폭격을 해도 숨을 곳이 많습니다.

게다가 아프가니스탄은 저개발 부족국가로서 중앙 정부의 영향력이 크지 않습니다. 수도 '카불'을 제외하고 동서남북 각 지역에 흩어져 사는 부족들은 자체적인 군대와 질서를 갖고 있습니다. 웬만한 전쟁은 그 나라의 수도를 함락하면 끝나는 것인데 모래알 같은 아프가니스탄에는 적용이 안 됩니다.

기존 제국들이 '카불'을 비롯한 도시를 모두 점령했을 때도 마찬가지였습니다. 아프가니스탄군은 도시를 버리고 산세가 험한 북동쪽으로 후퇴한 뒤 쫓아오는 제국군을 게릴라 전법으로 반격하는 데 능했습니다. 병력이나 무기가 떨어져도 바로 인접 국가에 넘어가서 충원해 오니 버틸 장사가 없었던 것이죠.

공산주의 종주국이었던 소련도 아프가니스탄을 침공했었는데, 아프가니스탄 친소련 공산주의 정부가 이슬람 세력인 '무자헤딘'에 공격을 당하자 이를 진압하기 위해 소련은 대규모 병력을 보낸 것입니다. 이것이 바로 1979년부터 1989년까지 있었던 소련-아프가니스탄 전쟁이었습니다. 소련군은 1만5,000명이 전사, 5만 명이 다쳤고, 무자헤딘은 9만 명이 전사, 7만5,000명이 다쳤습니다. 무자헤딘의 피해 못지않게 소련군의 피해도 컸었지요.

소련의 막강한 군사력에 속수무책으로 쫓기던 무자헤딘에게 스팅어미사일 같은 그 당시 최첨단 무기를 지원해준 국가가 미국이었습니다. 아프가니스탄 산악지대를 종횡무진으로 활동했던 소련군 헬기가 미국산 무기에 하나둘씩 피격되면서 전황은 급속도로 소련에 불리해졌던 것이죠. 물론 이때 지원해준 무기가 훗날 미국에 부메랑이 되어 다시 날아올 거로 생각했던 사람은 별로 없었습니다.

미국이 전쟁을 개시한 2001년 아프가니스탄 상황은 대영제국, 소련보다 더 열악한 상황이었습니다. 기존 아프가니스탄 정부나 무자헤딘과는 너무나 다른 탈레반이 집권하고 있었기 때문입니다.

학생들 같지 않은 학생들, 탈레반

아프가니스탄은 이슬람 국가이며 예상외로 다민족 국가입니다. 오래전부터 유라시아의 교차로 역할을 한 지역이라 다양한 문화가 융합되어 있죠. 인구는 3,700만 명이고 파슈툰인 42%, 타지크인이 27%를 차지하고 있고 여러 민족이 살고 있습니다.

땅 크기는 한반도의 3배이고 주된 산업은 농업과 목축업입니다. 제대로 된 산업시설이 없어서 미국이 개전 초기에 전술핵무기를 사용하려다 쏠 곳이 없어 포기했다는 이야기가 있을 정도입니다. 경제는 한마디로 얘기하자면 북한보다 어렵습니다. 1인당 GDP(국내총생산)는 전 세계 가장 밑에서 10등입니다.

국교는 이슬람인데 이슬람 중에서도 가장 엄격한 종파입니다. 기

탈레반

탈레반은 아프가니스탄 남부를 중심으로 거주하는 파슈툰족에 바탕을 둔 부족 단체에서 출발한 반군 단체이다. 탈레반은 1990년대 중반 활동을 시작하여 1997년 아프가니스탄에서 정권을 장악했다. ©미국의 소리 뉴스

독교가 다양한 종파가 있듯이 이슬람도 비슷한데, 그중 가장 폐쇄적인 이슬람 국가가 아프가니스탄입니다. 원래부터 그런 것은 아니었고, 1990년대 후반에 급격히 성장한 '탈레반'이 정권을 잡으면서 온 나라가 이슬람 극단주의 국가가 된 것입니다.

탈레반의 집권으로 민주주의와 인권은 사라졌고, 이슬람 율법으로 다스리는 신권정치로 국민을 다스리기 시작했습니다. 이슬람과 관련이 없는 모든 것을 배격하고 심판했습니다. 1970년대만 하더라

도 미니스커트를 입고 활보하던 여성들은 얼굴과 온몸을 꽁꽁 가리는 부르카를 입지 않으면 밖에 나갈 수 없게 되었습니다. 여성은 철저히 남성의 부속품으로 취급되어 억압받고 있는 거죠.

그렇다고 탈레반 치하의 아프가니스탄이 남성의 천국일까요? 그것도 아닙니다. 탈레반 정부는 2개의 경찰을 운영하였는데, 하나는 일반 경찰이었고 나머지 하나는 이름도 생소한 종교 경찰이었습니다. 이들은 길거리에 지나가는 남녀노소를 무작위로 붙잡아 이슬람 율법을 묻고 제대로 된 답을 못할 시 회초리로 때렸습니다. 남성들은 수염을 턱 밑으로 주먹 한 줌 정도 되는 길이보다 짧게 자르면 이슬람에 대해 모독이라 하여 감옥에 가두거나 공개처형을 하기도 합니다.

탈레반은 그들의 언어로 '학생들'이라는 의미입니다. 아프가니스탄과 파키스탄에 퍼져 있는 이슬람 신학교를 졸업한 학생들이 주축입니다. 즉 탈레반은 아프가니스탄에만 있는 것이 아니라 미국과 협조 관계에 있던 파키스탄에도 큰 영향력을 가지고 있었습니다.

파키스탄 서북부는 파키스탄 정부가 아니라 탈레반이 정부 역할을 하고 있을 정도였습니다. 그러나 미국은 아프가니스탄에 전쟁을 개시할 때 이를 중요하게 생각하지 않았습니다. 아프가니스탄에 있는 탈레반만 때려잡으면 된다고 생각을 했고, 공격 루트를 제공하는 파키스탄을 굳이 자극할 필요가 없다고 봤습니다.

그리고 9·11테러 한 달도 안 된 10월 7일 미국은 아프가니스탄 전쟁을 개시하였습니다.

2개월 만에 싱겁게 끝난 전쟁

미국은 아프가니스탄을 공격하기 전 탈레반에 불만을 품고 있는 아프가니스탄 북부동맹을 포섭하는 데 성공하였습니다. 직접적인 전투는 북부동맹이 하고 미군은 다양한 폭격을 통해 간접적인 지원을 하겠다는 거죠.

북부동맹은 미국의 도움을 받아 탈레반을 쫓아내고 그 자리에 자신들이 앉는 것이니 출혈이 있다 해도 남는 장사라 생각했습니다. 게다가 미국이 새로운 아프가니스탄 정부가 세워지면 다방면의 원조를 해주겠다고 하니 신이 났습니다.

미국도 북부동맹이 있어서 다행이었습니다. 어차피 탈레반을 쫓아내는 데 써야 할 돈으로 지원하는 것이니까 '누이 좋고 매부 좋은 것'이었죠.

드디어 10월 7일 '항구적 자유 작전'이라는 이름으로 미군 해군 5함대 함재기와 미사일 폭격으로 전쟁 개시가 되었습니다. 미군은 개전 첫날부터 압도적인 폭격을 퍼부음으로써 하루 만에 아프가니스탄의 방공망, 통신망을 완전히 붕괴시켰습니다.

작전은커녕 연락조차 서로 안 되는 탈레반군을 육상에서 밀어내는 역할은 북부동맹이 앞장섰습니다. 중요한 시설을 급습하거나 탈레반 지도자 사살을 위해서 소수의 미군 특수부대가 움직이기도 했고요.

이 과정에서 탈레반은 1만여 명이 사망, 7,000명이 포로로 잡혔으나 미군의 희생은 16명밖에 되지 않을 정도로 미군은 압도적인 화력을 퍼부었습니다. 미군은 개전 한 달이 지나 아프가니스탄 수도인 카불을 함락시켰고, 각 주요 도시를 차례로 무너트렸습니다. 탈레반 패잔병은 산세가 험해 미군이 들어오기 어려운 북부지역으로 후퇴를 하였습니다. 과거 대영제국, 소련의 침공에 효과적으로 사용했던 방법을 다시 꺼낸 것입니다.

그런데 문제는 미군을 돕는 북부동맹이 있었다는 거죠. 북부동맹은 자신의 앞마당처럼 편하게 올라가 산악지대에 숨어 있는 탈레반을 소탕했습니다. 결국 전쟁 개시 2개월이 흐른 12월 14일 아프가니스탄 전역에서 탈레반을 모두 쫓아냈습니다. 이어서 미국은 아프가니스탄의 새로운 정부의 지도자로 '하미드 카르자이'를 세움으로써 전쟁의 마지막 대미를 일단락지었습니다.

원래 미국은 아프가니스탄 전쟁을 시작할 때 세 가지 목표가 있었습니다.

첫째는 9·11테러 주범 오사마 빈 라덴 사살, 둘째는 탈레반 정부와 알카에다 같은 테러단체 제거, 셋째는 미국에 우호적인 아프가니스탄 정부 수립이었는데 뒤의 두 개만 성공하였습니다. 미군 특수부대가 오사마 빈 라덴을 잡을 기회가 여러 번 있었는데 매번 미꾸라

지처럼 빠져나갔던 것이죠.

미국은 도망간 빈 라덴을 계속 찾기로 하고 아프가니스탄 안정화에 힘을 쏟는 것에 집중하기로 하였습니다.

새로운 아프가니스탄을 만드는 노력

미국은 자신들이 선택한 하미드 카르자이를 아프가니스탄 대통령으로 만들었습니다. 그리고 다시는 아프가니스탄에 반미 테러집단이 들어서지 못하게 굳히기 작전에 들어갔습니다. 경제와 군사 지원을 병행하면서 새로운 아프가니스탄을 만드는 것이었죠.

먼저 아프가니스탄 전후 복구를 위해 도로, 다리, 발전소 같은 사회간접자본(SOC) 시설을 건립하였습니다. 식량, 의약품 같은 긴급구호 물품을 지원하였고 공장과 학교가 세워지고 경제가 활기를 띠게 되었습니다.

경제 지원은 미국뿐만 아니라 다양한 국가, 국제기구들이 참여하였습니다. 대한민국도 전쟁 직후 카불공대 IT센터 건립, 수력발전소 건설, 병원 개설 등 다양한 원조 사업을 시행하였습니다. 주로 KOICA(한국국제협력단)가 맡아서 이 사업들을 진행하였는데, 총 8,000억 원 정도 투입되었습니다.

대학생 때 저와 함께 민통선 지역에서 봉사활동을 했던 후배가 KOICA에서 아프가니스탄 원조 사업을 마치고 돌아와서 만난 적이 있습니다. 그 후배는 현지인들로부터 KOICA 원조 사업에 대한 인기가 상당히 높고, 파견된 다국적군들한테도 좋게 평가받는 것을 자랑스럽게 얘기해 주었습니다.

군사 지원도 아주 중요했습니다. 탈레반을 완전히 격퇴하지 못했고 그 잔당들은 언제든 힘을 모아 다시 들어올 수 있기 때문이었습니다. 무엇보다 오사마 빈 라덴이 살아 있다는 점도 신경이 쓰였지요.

군사 지원의 핵심은 탈레반을 물리치는 데 큰 역할을 했던 북부동맹을 새로운 아프가니스탄 정부의 정규군으로 만드는 것이었습니다. 북부동맹은 탈레반을 싫어하는 것 빼고는 공통점이 별로 없는 각 부족과 지역의 무장세력들이 모인 조직이었기에 이들을 하나의 군대로 만드는 것은 큰 과제였습니다.

미군은 군사훈련 교관을 파견하여 북부동맹에 기초군사훈련과 함께 새롭게 제공된 미군 무기 사용법을 습득하게 하였습니다. 별도의 신병 모집과 함께 치안을 담당할 경찰도 뽑았습니다.

이렇게 아프가니스탄군을 정비하고 숫자를 늘렸지만, 이들만으로는 도망간 탈레반에 맞서 미군과 함께 평화를 지키기에는 아프가니스탄이 워낙 넓었습니다. 이에 따라 미국의 동맹국 군대가 파병되어 아프가니스탄을 돕게 되었습니다.

2001년 12월 22일 300명의 영국군이 들어오는 것을 시작으로 주로 미국과 친한 유럽 국가들이 전투부대를 파병하였습니다. 우리나

1970년대와 현재 여성들의 패션에서 느낄 수 있는 아프가니스탄 사회의 변화

라는 비전투부대인 동의부대를 2002년 2월에 파병하였습니다. 이 부대는 의료 지원 목적으로 총 100명 정도의 규모로 창설되었고, 카불 근처 미군 바그람 공군 기지에 주둔하였습니다. 초기에는 주로 다국적군을 치료했는데 차차 아프가니스탄 현지인들에게도 의료서비스를 제공하여 호평을 받았습니다.

이렇게 탈레반 이후 새로운 아프가니스탄을 만드는 국제사회의 노력은 열매를 맺기 시작했습니다. 아프가니스탄 도시 곳곳에 활기가 띠고 여성들은 오랜만에 자유를 만끽하고 있었습니다. 이때만 하더라도 2개월 만에 끝난 전쟁이 20년을 더 갈 것이라고 예상했던 사람은 없었습니다.

이라크 전쟁의 구름이 아프가니스탄을 덮다

혁명은 쉽지만 개혁은 어렵다는 말이 있습니다. 무엇인가 확 바꾸기는 쉽지만, 점진적으로 변화시키는 것은 어렵다는 의미입니다. 그런 의미에서 전투는 쉽지만 전쟁은 어렵습니다. 특히 압도적인 화력을 보유하고 있는 미군에게 전투란 식은 죽 먹기입니다. 공군과 해군이 대량, 정밀 폭격을 하고 폐허가 된 전장을 육군이 하나둘 정리하는 미군을 당해낼 국가는 지구상에 없을 것입니다. 문제는 전투에서 이기면 이길수록 전쟁에 승리할 가능성이 커지는 것은 맞지만 그게 다는 아니라는 것이죠.

미국이 아프가니스탄 전쟁을 개시할 때 세웠던 목표인 테러단체 제거, 친미 정부 수립으로 첫 단추를 잘 끼웠지만, 시간이 더 필요했습니다. 의자에 페인트칠을 아무리 잘했다 하더라도 마르기 전에 앉으면 의자도, 바지도 망치는 것처럼 전쟁은 굳히기 작전이 그만큼 중요한 것입니다.

그런데 2003년 페인트가 마르지 않은 의자에 미국이 앉는 상황이 발생했습니다. 그것은 바로 제2차 이라크 전쟁 개시였습니다. 미국은 '테러와의 전쟁' 첫 번째 적이었던 아프가니스탄을 물리친 뒤 1년

이 갓 지났을 때 이라크를 두 번째 적으로 삼아 공격하였습니다.

탈레반을 너무 빨리 물리쳐서 그랬을까요? 미국은 아프가니스탄 전투의 승리를 전쟁의 승리로 착각하고 최소한의 병력만 남겨 놓고 이라크 전쟁에 투입하였습니다. 미군만 이동한 것이 아니라 아프가니스탄에 파병한 동맹국들의 병력도 이라크로 재배치되었습니다.

그 당시 부시 미국 대통령을 비롯한 참모들은 페인트가 아주 잘 말랐다고 생각했던 것이죠. 게다가 이라크는 아프가니스탄보다 두 가지 이유에서 더 중요했습니다. 첫째는 이라크에 대량으로 묻혀 있는 석유, 둘째는 이라크가 개발하고 있다는 대량살상무기였습니다. 이 두 가지는 중동지역만이 아닌 전 세계에 지대한 영향을 주기 때문에 미국의 관심은 이제 오사마 빈 라덴과 탈레반이 없는 아프가니스탄에서 이라크로 확 바뀌게 된 것입니다.

물론 미국은 탈레반이 아프가니스탄에 다시 들어와 반격할 수 있지만, '2개의 전쟁 전략'이 있기에 하등 문제가 없다는 모습이었습니다. '2개의 전쟁 전략'은 쉽게 말해 전쟁이 2곳에 동시에 발생해도 둘 다 이길 수 있다는 구상이었습니다.

이 전략에 따라 미군 주력은 이라크로 옮기지만 아프가니스탄을 보호할 최소한의 병력은 남겨 놓았기 때문에 문제가 없을 것으로 생각했습니다. 그러나 미국이 예상하지 못한 상황이 이라크 전쟁 이후 연속 발생하면서 아프가니스탄은 수렁에 빠지게 되었습니다.

아프가니스탄 늪에 제대로 빠진 미군

2002년 말부터 미국은 테러와의 전쟁 두 번째 대상으로 이라크를 상정하고 여론전을 펼쳤습니다. 이라크 대통령 사담 후세인은 미국이 언급하는 대량살상무기가 없고 개발할 계획도 없다고 억울함을 호소했습니다. 아마도 이때 미국이 이라크를 공격해 달라고 신에게 가장 열심히 기도했던 사람들은 탈레반이었을 것입니다. 미군 병력이 아프가니스탄에서 이라크로 가기만 하면 다시 예전처럼 돌아갈 수 있다고 생각했던 거죠.

탈레반은 먼저 또 다른 아프가니스탄 무장단체 '헤즈비 이슬라미'와 손을 잡았습니다. 이 단체는 1990년대 아프가니스탄 내전에서 탈레반과 싸운 적이 있는데, 그 당시에는 미군의 군사 지원을 받았던 단체입니다.

이들은 과거의 적이었던 탈레반과 손을 잡고 미군의 무기와 작전으로 미군을 몰아내는 데 앞장서게 된 것입니다. 영원한 우방도 적도 없다는 말이 딱 들어맞는 상황이죠. 이에 반해 미국이 계속 공들였던 아프가니스탄 안정화 작전은 도무지 속도가 나지 않았습니다.

미군이 빠진 자리에 아프가니스탄 정규군을 보강해서 채워 넣었는데, 탈레반 소탕은 지지부진하고 오히려 국경지대 시골 마을들이 차례로 탈레반의 영향권에 들어가고 있다는 첩보가 들어왔습니다.

수도인 카불을 비롯해 도시 치안도 빨간불이 들어오기 시작했습니다. 아프가니스탄 정규군처럼 경찰을 모집하고 훈련시켜 각 도시에 배치하였는데 테러가 끊이지 않았습니다. 초기에는 도시 외곽에 소규모 테러 위주로 발생했지만, 시간이 지날수록 군부대나 경찰서 근처도 안전을 보장하지 못하게 되었습니다.

미군과 함께 탈레반을 함께 쫓아냈던 실전 경험이 풍부한 북부동맹이 주축이 된 군대와 경찰인데 왜 힘을 못 쓸까? 미국으로서는 도저히 이해되지 않았습니다. 심지어 몇 만도 아니고 30만 명 규모로 편성된 군대와 경찰인데 왜 이렇게 힘을 못 쓸까? 의문이었던 것이죠.

시간이 많이 지나 탈레반을 도저히 막을 수 없는 지경까지 오자 그 이유가 밝혀졌는데, 30만 명의 군대와 경찰은 장부상에만 존재하는 숫자였던 것입니다. 실제로는 5만 명이 채 되지 않았습니다. 부패한 아프가니스탄 정부 관리들이 미국의 군사적 지원을 더 받으려고 숫자를 6배나 뻥튀기했던 것이었죠.

군인과 경찰의 월급이 미국으로부터 송금되면 바로 부패한 정부 관리들의 계좌로 이체가 되었습니다. 6배 더 지급된 개인 군사 장비, 다양한 미군 무기, 군부대 시설 건축 자재 등등은 시장에 팔려나갔고요. 게다가 그 주요 고객은 탈레반이었습니다. 더 가관이었던 것은 북부동맹 지도자들끼리도 누가 더 많이 먹나, 적게 먹나 지원금 분배 문제로 갈등이 커졌고, 점차 탈레반에 대응하는 연합작전이 어려워지게 되었습니다. 북부동맹은 이제 이름뿐이었고, 돈 때문에 모였다가 돈 때문에 갈라져 버린 것이죠.

문제는 이것만이 아니었습니다. 엎친 데 덮친 격으로 파키스탄이 노골적으로 미국과 탈레반 사이에 양다리를 걸치는 정황이 포착되었습니다. 북부동맹이 파키스탄 국경지대에서 탈레반을 공격하려고 하면 포격 몇 분 전 탈레반이 귀신같이 이를 알고 도망치는 상황이 여러 번 발생하였습니다.

1급 비밀로 사전에 파키스탄 정보국에만 공유했던 정보가 탈레반으로 샌 것이었죠. 처음에 파키스탄 정보국은 절대 그럴 일 없다고 발뺌을 했습니다. 그러다 정보국 요원이 탈레반에게 공습 정보를 넘기는 순간이 미군 특수부대에 발각되자 소수의 일탈이라고 꼬리를 자를 뿐이었습니다. 물론 그 요원은 처벌받지 않고 버젓이 파키스탄 정부 내 다른 부서에 배치가 되었고요.

아프가니스탄에서 20년 결과는 강요된 철군

아프가니스탄 내 미군과 동맹군은 시간이 가면 갈수록 강해지는 탈레반에 속수무책이었습니다. 이를 보다 못한 동맹군이 8,000명을 더 파병하였지만 이미 강해진 탈레반을 쉽게 꺾지는 못했습니다.

각 전투에 탈레반의 사상자가 훨씬 많았지만 걱정할 필요가 없었습니다. 아프가니스탄 전역과 북부 파키스탄 국경에 퍼져 있는 전쟁고아부터 돈이 필요하거나 극단적인 이슬람에 빠진 사람들로 병력

충원은 쉽게 되었기 때문입니다.

미군이 자주 사용하던 항공기를 이용한 공습도 예전만큼 효과가 있지 않았고, 아프가니스탄 정부군은 나아질 기미가 보이지 않았습니다. 결국 2008년 미국 대통령으로 당선된 오바마는 이라크를 포기하고 아프가니스탄에 집중하기로 하였습니다.

자그마치 10만 명의 병력을 아프가니스탄에 파병해서 탈레반 소탕에 집중하게 되었습니다. 그러나 탈레반도 만만치 않아서 미군 측 전사자도 많이 발생하였습니다. 이전에는 전사자가 1년에 100명이었다면 이때부터 한 달에 100명이 넘을 정도였습니다.

주요 도시를 제외한 아프가니스탄 전역에 치열한 전투가 벌어지는 상황에서 미군은 아주 중요한 일을 해냈습니다. 2011년 5월 파키스탄에서 숨어 지내던 오사마 빈 라덴을 미군 특수부대가 사살했던 것이죠. 9·11테러 발생 10년을 4개월 앞두고 미국은 드디어 복수에 성공했습니다.

그런데 그 기쁨도 잠시 미국은 마냥 기뻐할 수 없었습니다. 오사마 빈 라덴을 제거했으니 이제 미국으로 돌아갈 수 있으면 좋으련만 그럴 상황이 아니었던 것이죠. 철군하려고 하니 아프가니스탄은 다시 탈레반 수중으로 빠질 것 같고, 철군 안 하려고 하니 언제까지 계속 있을 수 없고 완전히 진퇴양난이었습니다.

아프가니스탄에 있는 미군의 인명 피해가 빠른 속도로 늘어나자 미국 내 철군 여론이 높아졌고, 결국 미국은 2013년 6월 탈레반과 평화협상을 시작했습니다. 첫 협상은 입장 차가 워낙 커서 바로 결렬이 되었지만, 사실 아쉬운 건 미국이었기에 다시 시작과 결렬이 반복되었습니다.

이 과정에 포로 교환이 성사되면서 협상 분위기가 좋아지는가 싶더니 아프가니스탄 정부군의 총에 맞아 미군 소장이 사망하는 사건도 발생하였습니다. 베트남전쟁 이후 소장 계급이 분쟁지역에서 사망한 것은 처음이었는데, 탈레반도 아니고 미국이 지원하는 정부군 총에 맞았다는 것에 미국은 큰 충격을 받았습니다.

결국 미국 오바마 대통령은 2016년까지 모든 미군을 철수시키겠다고 2014년 5월에 공표하였습니다. 그러자 미국 다음으로 가장 많은 전투 병력을 보냈던 영국은 기다렸다는 듯이 2014년 10월에 최종 철수를 하였습니다. 아프가니스탄 재건 활동 지원을 위해 특전사 위주로 파병했던 우리나라 '오쉬노 부대'도 2014년 6월에 철수하였고요.

그러다 오바마 대통령이 자신의 임기 안에 철군하지 않겠다고 번복을 하였고, 그 후 2017년 1월 취임한 트럼프 대통령 역시 처음에는 철군하겠다고 했지만 결국 자신의 임기 동안 철군하지 않았습니다.

미국이 세운 아프가니스탄 정부는 기대할 수 없을 정도로 망가졌고, 미군은 현상 유지도 어렵기에 당연히 철군해야 했지만, 미국의 여러 대통령은 자신의 임기에 이런 수치를 겪지 않으려고 미루고 미루게 된 것이죠.

결국 탈레반은 추후 아프가니스탄에서 미국과 동맹국을 공격하지 않을 것을 약속하였고, 이를 미국이 받아들이게 되었습니다. 2021년 1월에 취임한 바이든 대통령은 5월 1일까지 철군한다고 했다가 다시 9월 11일로 철군 시한을 연기했습니다. 그리고 실제 8월 30일 미군의 마지막 수송기가 이륙하면서 미군은 아프가니스탄을 완전히 떠나게 되었습니다.

아프가니스탄은 아프가니스탄에게

이 글 서두에 영화 '모가디슈'를 언급했습니다. 바이든 대통령이 말한 철군은 트럼프가 그랬듯이, 오바마가 그랬듯이 '설마 진짜 철군하겠어?'라고 다들 생각했기 때문에 벌어진 일이었습니다.

아프가니스탄을 이렇게 내버려두고 갈 미국이 아니라고 본 것은 미국이 이곳에 투입한 것에 비해 가져가는 것이 별로 없기 때문이었습니다. 아프가니스탄이 탈레반 수중에 들어가면 핵보유국인 파키스탄 역시 탈레반에 영향을 받을 수 있다는 점, 아프가니스탄에 핵원료인 우라늄이 대량 매장되어 있다는 점 등도 미군이 쉽게 발을 뺄 수 없는 이유라고 생각했었죠.

그래서 또 이러다 말겠지 했는데 진짜로 철군할 줄은 아무도 몰랐던 거죠. 설사 미군이 철군하더라도 아프가니스탄 정부와 군대가 이렇게 빨리 무너지리라 예상하지 못한 것도 있었고요.

미국은 아프가니스탄 전쟁을 통해 오사마 빈 라덴을 사살했지만,

아프가니스탄 탈출

탈레반 정권을 피해 아프가니스탄을 떠나기 위해 시민들이 미국 공군 보잉 C-17 수송기에 가득 타고 있다. 이날 183명의 어린이를 포함하여 823명을 데리고 나온 것으로 알려졌다. ©미국공군

미군 사망자 2,500여 명, 동맹군 사망자 1,100여 명, 부상자 2만3,400여 명이라는 너무나 참혹한 결과를 얻었습니다. 게다가 20년 동안 전쟁에 쏟아부은 돈이 자그마치 2조 달러(한화로 2,000조 원)였습니다.

아프가니스탄은 더 많이 아팠습니다. 아프간 정부군 6만5,000여 명, 탈레반 7만5,000여 명, 민간인 23만여 명이 사망했고 난민 500여만 명이 발생했습니다.

결국 미국은 전투는 이겼으나 전쟁은 실패했습니다. 아무리 초강대국이라 하더라도 이역만리 떨어진 다른 나라를 자국과 우호적인

국가로 만들려는 시도가 얼마나 어려운 것인지 값비싼 대가를 치르고 나서야 알 수 있었습니다.

물론 미국으로서는 9·11테러를 일으킨 범인과 무장조직을 심판하고 단죄하는 것은 필요했습니다. 다만 그것을 무력으로 단시일 내에 해낼 수 있다고 쉽게 생각했었다는 것이 큰 오판이었고요.

아프가니스탄에는 20년 만에 탈레반 정부가 다시 들어섰습니다. 앞으로 아프가니스탄이 어떻게 될까요? 그것은 아무도 모릅니다. 분명한 것은 아프가니스탄은 아프가니스탄 국민에게 맡길 수밖에 없다는 것입니다. 국제사회가 도울 수 있는 것은 아프가니스탄 국민이 더 나은 아프가니스탄을 위한 지혜와 용기를 갖고 한 걸음씩 전진할 수 있게 하는 것 아닐까요?

5

미국과 이라크, 두 번의 전쟁

미국과 이라크, 두 번의 전쟁

1991년 1월 초 벌어진 미국과 이라크 전쟁에 대한 기억은 그 시대 사람들에게 특별했습니다. 중학생이었던 저에게 매일 저녁 뉴스에 나오는 전쟁 장면은 흡사 게임 같았습니다. 토마호크 미사일, 아파치 헬기, M1 에이브럼스 탱크도 대단했지만, 레이더에 걸리지 않는 스텔스 전폭기, 스커드 미사일을 요격하는 패트리어트 미사일은 상상을 초월한 무기였습니다.

미국과 이라크 간 전쟁이 일어난 이유는 무엇일까요? 1990년 8월 이라크가 쿠웨이트를 침공해서 합병해 버리자 미국이 그런 이라크를 혼내주기 위해 전쟁을 일으켰습니다. 같은 아랍 국가인 이라크가 쿠웨이트를 왜 침공했는지, 미국은 쿠웨이트를 왜 도우려고 했는지 어린 나이에 저는 잘 몰랐습니다.

그때 MBC와 KBS 말고 처음 알게 된 CNN 방송에서 매일 나오는 전쟁 소식은 내가 그 전장 속에 있는 미군이 된 것 같았습니다. 그때 전쟁 명칭은 전쟁이 일어난 페르시아 만(gulf)을 의미하여 '걸프전'이라 불렸는데, '사막의 폭풍'이라는 작전명까지 우리나라 대부분 국민이 알 정도로 국내에 많은 보도가 되었습니다.

이 전쟁은 베트남전쟁 패전의 트라우마를 완전히 날려버릴 정도로 미군이 압도적으로 승리한 전쟁이었습니다. 그 배경에는 미군의 최첨단 무기가 있었습니다. 전쟁이 끝나자 미국과 친한 나라들은 너도나도 미국산 무기 구매에 열을 올렸죠. 반대로 미국과 사이가 안 좋은 나라는 이라크의 일이 남의 일이 아니겠다 싶어 바짝 긴장하게 되었습니다.

대표적인 나라가 그때나 지금이나 북한이지요. 북한은 막강한 이라크 방공망이 허무하게 무너지는 모습을 보고 큰 충격을 받았습니다. 그래서 이라크 전쟁 직후 평지에 있던 방공망과 주요 군사시설을 산악지대로 급하게 옮기는 모습이 포착되기도 하였습니다.

결국 압도적인 패배를 당한 이라크는 쿠웨이트에서 물러났습니다. 나름 강했던 군대는 반쪽으로 줄어들었고, 1,500억 달러라는 거액의 배상금까지 물게 되었습니다. 사담 후세인 이라크 대통령의 잘못된 판단이 미친 파장은 그렇게 컸습니다.

그 후 10년이 지나 미국은 2차 이라크 전쟁을 개시하였고 1차처럼 압승을 하였습니다. 사담 후세인은 미군에 잡혀 사형을 당했고,

이라크는 민주주의 국가가 되는가 싶었는데 최근 이라크는 내전의 위기에 직면했습니다.

이라크 독재자였던 사담 후세인도 없고, 2차 전쟁이 끝나 미군도 철수한 상황인데, 이라크 상황이 왜 이렇게 복잡하게 흘러가고 있는지 알다가도 모를 일입니다. 이라크는 종파와 부족의 갈등이 유별난 나라이긴 하지만 최근에 벌어지고 있는 상황은 더 유별납니다.

이라크 의회가 특정 정파에 점거되었고, 미군이 설정해 놓았던 안전지대(그린존)에서 발생한 무력 충돌이 커지면서 완전 막장으로 치닫고 있습니다. 이라크는 2021년 10월 총선 이후 극심한 혼란에 빠져 헤어나오지 못하고 있습니다.

총선에서 이긴 정파가 총리를 배출하는 것이 맞는데, 나머지 정파가 대동단결해서 다른 사람을 총리로 내세우며 싸우고 있으니 현재 총리는 유명무실하고 정부도 제대로 구성되지 않은 상황입니다. 미국이 2차례의 전쟁을 치르면서 아랍에 모범적인 민주주의 국가로 만들려고 했던 이라크는 왜 이런 상황에 오게 되었을까요?

테러와의 전쟁 두 번째가 된 2차 이라크 전쟁

2001년 9·11테러로 인해 미국은 '친구 아니면 적'이라는 극단적인 이분법으로 타국을 대했습니다. 특히 부시 미국 대통령은 2002년 초 세계평화를 위협하는 '악의 축(Axis of evil)'을 언급하였죠.

여기서 '축(Axis)'은 2차 세계대전의 추축국(Axis Powers)에서 나온 말로, 2차 세계대전을 일으킨 독일, 이탈리아, 일본이 서로 도우며 세계를 전쟁에 빠트렸던 것을 의미합니다. 그리고 부시 대통령은 이라크, 이란, 북한이 '악의 축' 국가라고 비난하였습니다.

게다가 이 세 나라는 국제 테러를 지원하고 대량살상무기를 개발하는 데 비밀리에 연결되어 있으며, 독재자가 군림하고 있는 '불량국가'이기에 무력을 통해서 그들을 쫓아내야 한다고 주장했습니다.

부시 미국 대통령은 그 이후로도 공식 석상에서 기회가 될 때마다 '악의 축' 국가에 대한 무력 행사 가능성을 얘기하였습니다. 처음 '악의 축' 국가로 지목되었을 때 이라크, 이란, 북한 최고지도자들은 어떤 마음이었을까요?

미국의 부시 행정부가 악의 축(반테러 전쟁의 표적)으로 지명한 이란, 이라크, 북한

항상 자국에 대해 반복되는 미국의 망언이라고 겉으로는 태연하게 일축하였지만, 속으로는 초긴장 상태였을 겁니다. 9·11테러의 발생으로 아프가니스탄을 공격한 지 두 달도 안 되어서 끝장내 버린 지 얼마 안 된 시점이었기에 더욱 그랬습니다.

특히 이라크 사담 후세인 대통령은 가장 불안해했습니다. 미국이 '악의 축' 세 국가를 한 번에 공격하지는 않을 것이고, 그중 이라크를 가장 만만한 상대로 생각했기 때문입니다. 이란은 8,000만 명이 넘는 인구와 한반도 전체 8배 크기의 국토를 갖고 있고 공격하기 어려운 고원지대가 많습니다.

북한 역시 산악지대가 많고 중국이라는 든든한 우군을 갖고 있고 남한이 입게 될 피해까지 생각하면 셈법이 복잡해집니다. 게다가 이란과 북한은 여러 차례 핵실험을 통해 핵무기를 개발한 상태라는 점에 미국이 쉽게 공격 결정을 내리기 어려웠습니다.

아니나 다를까 부시 대통령은 2002년 9월 11일 테러 1주기를 맞이해 이라크에 대한 침공을 밝혔고, 미국 의회는 이를 통과시켰습니다. 미국 정부는 이라크가 핵무기와 생화학무기를 개발하고 있다는 첩보를 언론에 공개하였고, 콜린 파월 국무부 장관이 직접 이라크가 개발하고 있다는 '탄저균' 샘플을 보여주기도 하였습니다.

후세인 대통령은 이라크는 그런 대량살상무기를 생산하지도 않고 그럴 계획도 없다고 여러 번 천명했지만, 미국은 아랑곳하지 않고 2003년 3월 20일 이라크 2차 전쟁을 개시하였습니다.

2주 걸린 2차 전쟁과 열린 판도라 상자

이라크 2차 전쟁에는 미군 13만 명, 영국군 4만5,000명, 호주군 2,000명이 참전하였습니다. 1차 전쟁에는 미군 70만 명과 동맹군 30만 명 포함 총 100만 명이 참전했는데 2차 전쟁은 1차의 5분의 1 정도만 동원되었습니다.

1차 전쟁 전까지만 하더라도 이라크는 세계 4위 군사력으로 위풍당당했습니다. 그러나 한번 무너진 군사력이 2차 전쟁 전까지 쉽게 회복되긴 어려웠죠. 미국은 2차 전쟁에 그 정도 병력이면 충분하다고 생각했습니다. 사실 1차 전쟁 후 이라크는 전쟁을 일으킨 벌로 미국의 전방위 수출입 제한 조치를 혹독하게 당했거든요.

이로 인해 경제난도 경제난이지만 오랫동안 무기를 수입하지 못했고, 있는 무기도 제때 수리하지 못하면서 이라크는 종이호랑이 같은 신세였습니다. 그나마 몇 안 되는 전투기도 날지 못해 사막에 숨겼다가 걸린 것이 대다수였습니다.

미군은 1차 전쟁보다 더 쉽게 이라크 수도 바그다드로 진격할 수 있었고, 2주 만에 바그다드를 함락시켰습니다. 후세인 대통령은 미군이 들어오기 전에 도망쳤고 이라크 정부는 허망하게 무너졌습니다.

이 기간에 미군은 139명, 영국군은 33명, 이라크군은 9,200명이 전사하였습니다. 미군, 영국군과 비교해 보면 이라크군이 사망자가 압도적으로 많지만, 이라크군 사망자도 전쟁 규모와 비교하면 상대적으로 적은 편이었습니다.

한마디로 미군과 이라크군 사이에 실질적인 전투가 많이 벌어지지 않았다는 것이죠. 대부분 이라크군은 무기를 버리고 도망쳤으니까요. 그리고 그해 말 사담 후세인은 자신의 고향인 티크리트의 은신처에 숨어 있다가 미군 특수부대에 발각되어 체포되었습니다.

미국은 사담 후세인을 전쟁 직후 구성된 이라크 민간 정부에 넘겼고, 전쟁을 일으킨 죄목으로 이라크 법정에서 재판을 받게 하였습니다. 그런데 여기서 예상치 못한 일이 벌어졌습니다. 2년 동안 진행된 재판 결과 사담 후세인은 사형 판결을 받았습니다. 그리고 이라크 민간 정부는 미국과 상의 없이 바로 사형을 집행해 버렸던 것입니다.

미국은 재판 결과가 사형이라 하더라도 집행까지는 시간이 걸릴 거라 예상했는데 허를 찔렀던 것입니다. 미국은 향후 이라크 상황을 보면서 사형을 집행해도 늦지 않다고 생각했었습니다. 그런데 이라크 민간 정부는 미국과 생각이 달랐습니다.

후세인을 쫓아내고 미국의 환심을 사 얻은 권력인 만큼 혹여 후세인이 다시 돌아올 가능성을 제로로 만들어 버린 것입니다. 그들은 불행의 싹을 미리 잘랐다고 하였지만, 그 후 벌어진 상황을 보니 판도라의 상자가 열린 것이 되었습니다. 이라크는 극심한 혼란에 빠졌던 것이죠.

알면 알수록 복잡한 중동

이라크 독재자 사담 후세인의 사망은 이라크만이 아닌 중동지역 전체에 잠재되어 있던 여러 문제를 수면 위로 떠오르게 했습니다. 가장 심각한 문제는 중동지역의 종파, 부족 간 차이로 인한 무질서와 혼란이 다시 휘몰아치게 된 것입니다.

미국은 사실 오래전부터 중동에 관심이 많았습니다. 정확히 말하면 중동지역에 묻혀 있는 석유와 가스에 관심이 많았죠. 냉전시대에서는 유일한 경쟁자였던 소련과 중동의 지하자원을 놓고 수없이 엎치락뒤치락하였습니다. 그중 하나가 바로 1980년부터 8년 동안 벌어진 이란과 이라크 전쟁이었습니다.

이라크는 이란과 국경 문제로 갈등을 겪고 있다가 이라크 사담 후세인이 먼저 전쟁을 개시하였는데 그때 미국은 물심양면으로 이라크를 지원하였습니다. 이란이 친미국가에서 친소국가로 바뀐 것에 대응하기 위해 사담 후세인을 도왔던 것이죠. 엄밀히 말하면 사담 후세인을 키워준 국가가 바로 미국이었던 것입니다.

이란-이라크 전쟁은 승자 없이 끝났고, 몇 년 후 소련이 무너지면서 중동에 미국의 경쟁자는 사라졌습니다. 1차 이라크 전쟁에서 미국의 압승으로 중동지역에서 미국의 위상은 확고해졌습니다. 사우디아라비아를 제외한 아랍 국가들은 미국이 싫었지만 대놓고 부딪칠 수 없었습니다.

그런데 아까 언급한 사담 후세인이 형장의 이슬로 사라지자마자 상황이 조금씩 변하게 되었습니다. 미국이 설마 했던 상황이 발생한 것이죠. 지금까지 독재자 사담 후세인이 억눌렀던 이라크 내 종파, 부족 간 다툼이 봇물 터지듯이 터져버린 것입니다.

게다가 이 다툼은 이라크만이 아니라 인접국인 시리아, 요르단, 이란, 사우디아라비아 등까지 번지게 되었습니다. 왜 이런 일이 발생했을까요?

중동은 과거 영국과 프랑스 식민지로 분할통치를 받았습니다. 영국과 프랑스가 중동지역을 마음대로 선을 긋고 이 땅은 영국 땅, 저 땅은 프랑스 땅이 되었습니다. 오랫동안 같은 문화와 종교를 향유하며 같이 살던 부족들이 갑자기 갈가리 찢어져 만날 수 없게 된 것이죠.

그러다 1900년대 초반에 들어와 제국주의가 쇠퇴해 제각각 독립을 했는데 영국과 프랑스가 그었던 선을 국경 삼아 근대국가가 되었습니다. 즉 수천 년간 함께 살아온 중동지역 사람들에게는 기껏해야 100년 정도 되는 국경의 영향력이 크지 않다는 것입니다.

한국, 일본, 중국의 국가와 국경은 문화, 언어, 종교, 인종 등 세 나라를 확연히 구분하는 기준인데 이에 반해 중동은 아닌 거죠. 그런 점에서 종파는 중동 사람들을 구분하는 가장 선명한 기준입니다.

이슬람은 크게 2개의 종파로 나뉘는데, 다수인 수니파와 소수인 시아파가 있습니다. 수니파와 시아파의 가장 큰 차이는 이슬람 공

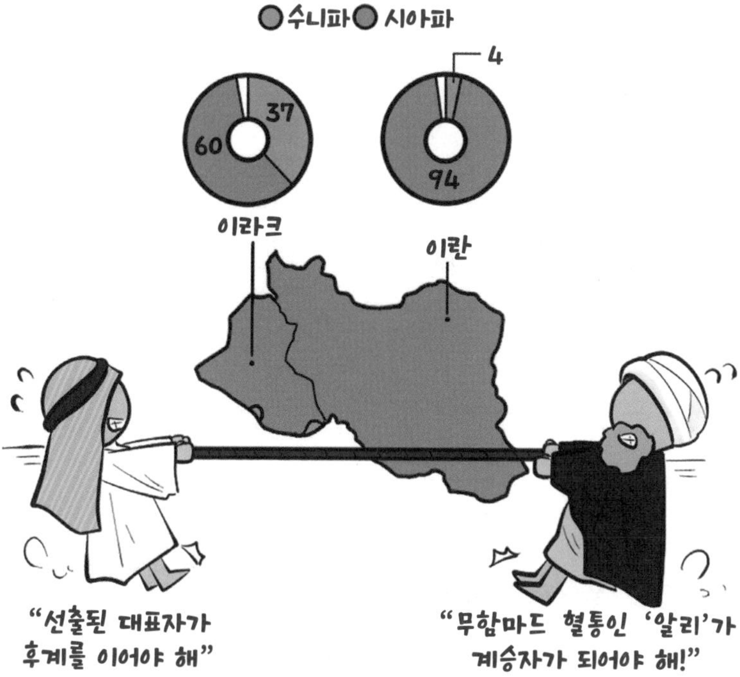

이슬람 수니파와 시아파

동체 지도자 선출에 있습니다. 수니파는 여러 사람 중에 지도자를 선출할 수 있다고 하고, 시아파는 무함마드의 혈통만 가능하다고 봅니다.

과거 천주교에서 개신교가 나오는 과정에서 천주교를 구교, 개신교를 신교라 하여 종교전쟁이 있었던 것처럼 이슬람에서도 마찬가지였습니다. 다만, 현대에는 구교와 신교 간 전쟁이 거의 없는 것처럼 수니파와 시아파도 그랬는데 사담 후세인의 사형은 다시 기름에 불을 붙이는 형국이 된 것이었죠.

왜냐하면 이라크 국민의 다수는 시아파였는데 사담 후세인은 수니파였거든요. 사담 후세인은 다수의 시아파를 지배하기 위해 수십 년 동안 무자비한 폭력을 저질렀었죠. 그러다 어느 날 사담 후세인이 죽자 억눌려 있던 시아파가 들고일어났던 것입니다.

이 상황은 시아파 종주국인 이란이 가장 원했던 모습이었습니다. 이라크 내 미국의 영향력이 급속도로 약화하고, 반면에 이란이 강화되는 상황이 온 것이죠. 게다가 이라크 인근 수니파 국가들은 이를 묵과할 수 없다고 큰소리를 쳤고, 미국은 이때까지만 하더라도 일시적인 혼란이라고 생각하였습니다.

이라크 무질서와 수습책

미국은 전쟁이 끝나자마자 사담 후세인 축출을 도왔던 이라크 지도자들을 중심으로 2004년 6월 이라크 임시정부를 출범시켰습니다. 이라크 국민 다수인 시아파, 주요 권력층에 있었던 수니파, 아랍인 다음으로 많은 민족인 쿠르드족을 망라한 정부였습니다.

대통령은 수니파, 부통령은 쿠르드족, 총리는 시아파로 자리를 적절히게 분배했으니 이라크는 평화롭게 굴러갈 것으로 생각했습니다. 그런데 권력은 부자간에도 나눌 수 없는 묘한 것이라는 속설이 말해 주듯이 모두에게 분배한 권력은 모두가 불만을 품게 했습니다.

특히 수니파가 불만이 컸습니다. 이라크의 실질적인 권력은 총리가 갖고 있는데 시아파가 총리를 맡고 있기 때문이었습니다. 수니파 몫인 대통령은 대통령제 국가에서나 힘이 있는 것이지 의원내각제 국가인 이라크에서 별 볼 일 없는 것이죠.

게다가 이라크는 각각 수니파, 시아파 안에서도 어떤 부족 출신이냐에 따라 의견이 여러 갈래로 나뉘기 때문에 불만은 다양한 곳에서 터져 나왔습니다. 즉 수니파 안에서도 부족마다 불만의 정도가 다르고, 시아파 안에서도 부족마다 만족의 정도가 각양각색이었던 것이죠.

여기에 이라크와 국경을 마주하고 있는 국가 배경까지 더해져 더 복잡해졌습니다. 즉 레바논 수니파, 시리아 수니파, 쿠르드족 수니파 등등 생각이 다 다른 것이죠. 시간이 얼마 안 지나 불만은 폭력으로 바뀌었습니다.

이라크 전쟁 승리 후 주둔하고 있던 미군과 다국적군이 이들의 공격 목표였습니다. 초기에는 서너 명의 무리가 소총으로 미군 기지 근처에 경계임무를 보고 있는 이라크 정부군을 향해 쏘고 도망갔습니다. 어쩌다 총에 맞는 상황도 발생했지만 큰 문제가 아니라고 생각했는데 가면 갈수록 이들은 대범해졌습니다. 서너 명의 무리는 수십 명으로 늘어났고, 무기가 소총에서 로켓으로 바뀌었고, 공격 후 도망가는 것이 아니라 아예 목숨을 건 자살폭탄테러까지 발생하였습니다. 공격 대상은 미군이나 이라크 정부군만이 아니었습니다.

무장한 수니파는 시아파를 공격하고, 이에 질세라 시아파가 다시 수니파에게 복수하는 상황이 빈번해졌고 상대의 사원, 성지, 마을 등 가리지 않았습니다. 이라크의 질서는 여러 군데서 균열이 생기게 되었고, 미국은 전쟁 이후 준비했던 계획을 전면적으로 수정하였습니다.

먼저, 철군을 보류했습니다. 2004년 6월 이라크 임시정부가 만들어지면 철군하려던 계획을 2005년 1월 총선 직후로 보류했다가 이마저도 연장했습니다. 많은 돈을 들여 전쟁에 승리해서 겨우 친미 정부를 세웠는데, 미군이 철수하면 감당할 수 없을 거라 봤던 겁니다. 이제 막 걸음마를 뗀 아기한테 혼자서 먼 거리를 걸어가라는 것과 비슷한 거죠.

그렇다고 아기가 클 때까지 마냥 기다릴 수 없었습니다. 철군 보류는 그 기간만큼 돈이 더 필요한데 그 액수가 너무 컸습니다. 이라크에 파병된 미군이 약 15만 명이었는데, 이들에 대한 월급부터 하나하나 따져보니 매달 40억 달러(한화 5조 원)라고 하니 다들 깜짝 놀랐습니다.

게다가 이라크 치안을 확립하고 내전을 잠재우려면 그 15만 명으로는 어림없고 최소 40만 명이 필요하다는 의견이 지배적이었습니다. 그래서 미국은 철군 보류에 부족한 병력 충당을 위해 평소 친했던 국가들에게 원래 계획에 없던 전투병 파병을 요청했습니다. 겉으로는 요청이었지만 속으로는 '테러와의 전쟁'에 제대로 동참할 거냐 말 거냐며 압박을 했던 거죠.

한국군까지 파병했지만

엄밀히 말하면 이라크에는 전쟁 직후 미국의 동맹국들의 군대가 이미 파병을 했었습니다. 애초에 미국이 전쟁을 시작할 때 이라크를 일방적으로 침공하는 것처럼 보이지 않으려고 미리 손을 썼던 것이죠.

다만 파병 목적이 이라크 안정이었기 때문에 대부분 국가는 소수의 건설, 의료 관련 부대들을 보냈습니다. 한국도 이라크 기반시설 건설을 위한 서희부대, 다국적군과 현지인 의료를 담당했던 제마부대 군인 320명 정도가 파병되었습니다.

그런데 이라크 상황이 바뀌었으니 대규모 전투병을 추가해 달라는 요구에 각 국가 지도자들은 고민하지 않을 수가 없었습니다. 이라크 1차 전쟁과 비교해 2차 전쟁은 명분이 적었고 이라크 정세가 심각했기에, 괜히 군대를 보냈다가 자국 군인들이 전사라도 한다면 감당할 수 없다고 생각했습니다.

결국 전쟁을 함께 시작했던 영국을 제외하고 대부분 국가는 여러 핑계를 대고 거절하였습니다. 어느 국가도 전투병 파병을 안 하려고 하자 미국은 계속 여러 나라를 압박하였습니다. 그래도 파병하는 국가가 없자 불똥은 엉뚱하게 한국으로 튀었습니다. 이미 아프가니스탄에 파병했던 수만 명의 미군을 이라크로 옮겼는데 주한미군 병력 일부도 빼겠다는 것이었습니다.

미군은 전 세계 주요 지역에 주둔하고 있는데 일본(5만2,000명), 독일(3만8,000명), 한국(2만8,000명) 순으로 많은데 미국이 북한을 비롯한 한반도 문제에 얼마나 중요하게 생각하는지 이 숫자만 봐도 알 수 있죠. 그런데 그 당시 북한보다 이라크가 시급한 상황이니 한국에 있는 자국 군대를 일부 빼려고 했던 거죠.

그동안 주한미군은 엄청난 전투력으로 북한의 위협을 막는 실질적인 역할도 있지만, 한국이 안전하다는 상징성을 갖는 데 큰 역할을 하고 있었습니다. 1945년 해방 이후 역사적으로 미군이 한국에 주둔하지 않았던 시기가 1949년부터 1950년이었는데, 딱 그때 6·25 전쟁이 발발했죠.

그 이후 한국의 군사력은 눈부시게 발전하여 핵무기를 제외하고 북한의 군사력을 압도하였지만, 주한미군의 상징성은 크게 변하지 않았습니다. 즉 주한미군의 감축이나 다른 나라로 이동은 전투력의 큰 차이가 없어도 심리적으로 한국인들에게 혼란과 충격을 주는 것이었죠.

그렇다고 미국이 자국 군대를 조정하는 것을 뭐라고 할 수도 없기에 한국 정부는 고민에 빠지게 되었습니다. 결국 한국군이 전투병을 포함해 대규모 파병을 하되 주한미군은 건드리지 않는 것으로 한국과 미국 정부는 합의하였습니다.

2004년 대한민국 이라크 평화 재건을 위한 자이툰 부대가 3,600명 규모로 창설되어 8월부터 파병하였습니다. 미군 외 영국군(4만

자이툰 부대

자이툰 부대는 평화 유지와 재건을 위해 이라크에 다국적군의 일원으로서 파병된 대한민국 육군 부대이다. 2004년 2월 23일부터 2008년 12월 20일까지 활동했다. 자이툰은 아랍어로 올리브를 뜻하며, 이는 평화를 상징한다. 사진은 자이툰 부대 장병들이 현지 어린이들과 즐거운 시간을 보내며 따뜻한 사랑을 전하고 있다. ©대한민국 국군

5,000명) 다음으로 많은 숫자였습니다. 한국 자체적으로는 1970년대 미국과 베트남전쟁에 9년간 매년 5만 명(총 투입 인원 35만 명)의 군대를 파병한 이후 두 번째로 많은 병력이었습니다.

한국 정부는 어쩔 수 없이 대규모 전투병 파병을 하였지만, 어차피 해야 하는 것이라면 내심 실익을 얻으려고 했습니다. 그 결과 한국군 주둔지는 이라크에서 상대적으로 안전한 동북부 쿠르드족 자치구 지역인 아르빌이 되었습니다.

자이툰 부대는 2008년 말까지 아르빌 지역의 치안을 담당하면서 자이툰병원 개원, 새마을운동 시범사업, 기술훈련센터 등을 운영하여 현지인들에게 큰 호평을 받았습니다.

이렇게 미군의 병력 증강, 철군 보류, 다국적군 전투병 파병이라는 다양한 노력을 해서 질서를 회복해 나갔지만, 일시적이었을 뿐 곧 다시 혼란의 구렁텅이에서 헤어나지 못하게 되었습니다.

좌충우돌하다 결국 이라크 손절

결국 이라크 전쟁 승리 직후 미국의 잘못된 판단과 실책으로 되돌릴 수 없는 상황이 온 것이었죠. 미국은 복잡한 이라크 정치 상황을 잘못된 정보에 의지해 실행했던 것이 너무 많았습니다. 그중 하나가 기존의 이라크 군인과 경찰 9만여 명을 모두 해고한 것이었죠.

미국은 사담 후세인과 깊숙이 연결되어 있던 이라크 군인, 경찰이 누군지 파악이 안 되니 아예 다 집으로 돌려보냈습니다. 그러곤 상기 서술했던 것처럼 이라크 주요 이해당사자인 수니파, 시아파, 쿠르드족 지도자를 적당히 배치한 정부가 출범해서 군인과 경찰을 새롭게 뽑으면 만사가 해결될 것으로 생각했습니다.

문제는 새로운 정부가 출범해서 다시 군인과 경찰을 뽑는 것은 예상보다 지연이 되었고, 일시에 해고된 군인과 경찰은 당장 먹고살 길이 없어졌다는 것이죠. 이들은 불만이 생겼고 새로운 정부에 뽑히는 것을 기다리다 지쳐 테러단체로 합류했습니다. 마치 아이를 목욕시킨 후 목욕물을 버리다 목욕물과 아이를 함께 버린 것같은 상황이 발생했던 것이죠.

그뿐만 아니라 이라크 문화에 대한 무시와 오해로 인해 미국은 이라크 국민으로부터 지속적인 반감을 샀습니다. 돼지고기를 먹지 않는 이슬람 문화를 무시하고 미군을 돕는 이라크인들 앞에서 돼지고기를 버젓이 먹는 것은 예사이고, 테러 용의자가 있는 것 같다고 이슬람 사원에 들어가 여성들의 몸을 수색하는 등 끊임없이 갈등이 벌어졌습니다.

게다가 이라크 상황이 안 좋다는 소문이 미국에도 퍼져 병력 충원이 어려워 병력 선발기준을 대폭 낮추다 보니 문제가 많은 사람이 이라크로 파병되어 범죄를 저지르는 등 악순환에 악순환을 거듭하게 되었습니다.

파병된 미군도 어려운 상황은 마찬가지였습니다. 실제 전쟁 기간 미군은 100여 명이 전사했지만, 그 이후 발생한 테러와 공격으로 인해 4,400여 명이 사망했던 것만 보더라도 전쟁보다 평화유지가 훨씬 힘들었다는 것을 알 수 있습니다. 게다가 부상자는 그 열 배인 4만 7,000여 명이었고 통계에 잡히지 않은 외상 후 스트레스 장애(트라우마)를 겪는 수많은 미군을 양산했습니다.

설상가상으로 2004년 10월 미국과 영국, 호주 정보기관이 중심이 된 '이라크 사찰단'의 발표는 이라크의 불난 상황에 기름을 부었습니다. 미국의 이라크 공격의 명분이었던 대량살상무기를 1년 동안 찾아다닌 결과 '없다'는 결론이 나온 것이었습니다. 이라크의 사담 후세인이 핵무기, 생화학무기를 개발하고 있다고 해서 침공했는데 뚜껑을 열어보니 아무것도 없다고 하니 미국도 기가 찼습니다.

애초에 하지 말았어야 할 전쟁을 감행해서 수많은 미군과 이라크 국민의 사망과 부상, 막대한 전쟁 비용, 더 혼란스러워진 이라크라는 결과가 나왔으니까요. 그렇다고 당장 이라크에서 발을 뺐다가는 더 큰 혼란이 올 것으로 생각했던 조지 부시 대통령은 어떻게든 해결하려고 노력하다 임기를 마무리하였습니다.

후임자 버락 오바마 대통령은 2009년 취임하자마자 이라크 철군을 발표하였고, 실제로 7월부터 미군은 철수하기 시작했습니다. 이라크 상황을 깨진 독에 물 붓는 것으로 생각했기에 더는 미련을 두지 않았습니다. 특히 오바마 대통령은 미국의 이라크 침공을 반대했던 이력이 주효해 대통령까지 올라갈 수 있었기에 뒤도 돌아보지 않고 미군을 철수시켜서 2011년 이라크에 완전히 손을 떼었습니다.

이라크의 미래는 어디로

미군이 철수하자 미국이 세운 이라크 정부는 곧바로 흔들렸습니다. 민주주의 경험이 부족한 이라크에 미국이 무리하게 주입시켜 만든 정부이다 보니 뭐 하나 결정하지 못하고 싸우기만 하다 보니 정부에 반대하는 사람들만 늘어나기 시작했습니다.

그나마 미군이 있을 때는 그린존이라는 안전지대라도 있었는데, 미군이 철수하자 이라크 전역이 전쟁터이자 테러 위험지역이 되었습니다. 결국 수니파와 시아파 군소단체 무장세력 간 전쟁은 내전으로 확산하여 민간인 사망자가 속출하고 있는데도 이라크 정부는 아무것도 하지 못했습니다.

오죽하면 이 시기 시아파 민간인들은 "독재자 사담 후세인 시절이 차라리 좋았다"라고 할 정도였습니다. 이런 상황이 지속되자 '이슬람 극단주의를 추종하는 잔악한 테러집단'인 IS(Islamic State, 수니파 무장단체)가 이라크와 시리아에서 세을 키워 시아파와 타 종교인들을 학살하는 사태까지 벌어지게 되었습니다.

이라크만이 아닌 전 세계 테러를 일삼는 IS가 2013년 즈음 이라크 절반을 차지하자 미국과 국제사회는 더는 묵과할 수 없다고 판단했습니다. 2014년 미국과 유럽, 시아파 국가인 이란이 주도하여 10여 개 국가가 참여하는 다국적군이 IS를 격퇴하기 위해 힘을 모았습니다.

미국과 이란은 철천지원수라 해도 과언이 아닌데 이라크 문제는 원수를 친구로 만들 정도로 중요한 상황이었습니다. 물론 미국은 이라크에서 호되게 당하고 철군한 경험이 있기에 그때와 똑같은 실수를 범하지 않으려고 했습니다. 즉 미군의 역할은 이라크 정부군을 돕는 정도로 3,000여 명 정도만 파병하였고 깊숙이 개입하지 않았습니다. 다행히 이라크 정부군은 점차 IS를 이라크 밖으로 몰아냈고 2017년 말 미군은 다시 철수하였습니다.

이후 오랜 전쟁 기간에 피폐해진 이라크를 복구하는 데 집중해야 했지만, 정치 지도자들의 부패와 권력 싸움으로 이라크 국민은 여전히 어려움을 겪고 있습니다. 여전히 시아파, 수니파, 쿠르드족이라는 3대 이해관계자는 권력에만 관심을 두다 보니 세계 제2의 산유국인 이라크는 가난하기만 합니다.

차기 총리를 누가 할 것인지에 대해 극렬하게 대립하고 있는 현 이라크 내부 갈등이 또다시 내전으로 치닫는다면 이라크는 어쩌면 회생 불가능한 상황, 즉 국가가 무너질 수 있는 단계까지 온 것입니다. 미국과 이란은 이런 이라크 상황을 자국에 유리하게 만들려고 하는데, 이라크 지도자들은 이라크 국민 모두에게 유리한 방향이 무엇일지 결정해야 합니다.

6

이스라엘과 팔레스타인, 그리고 중동의 끝없는 싸움

이스라엘과 팔레스타인, 그리고 중동의 끝없는 싸움

러시아의 우크라이나 침공에 가려져 있지만, 현재 역시 이스라엘과 팔레스타인 간 갈등은 끊이지 않았습니다. 이스라엘은 8월에 3일 동안 전투기를 동원해 팔레스타인 가자지구를 공습해서 어린이를 포함해 50여 명의 민간인이 죽었습니다.

2021년 5월도 비슷한 상황으로 수백 명이 죽었고 매년 크고 작은 무력충돌이 끊이지 않습니다. 평화학자들은 지구촌 평화를 가장 위협하는 2개 지역으로 한반도와 중동을 꼽고 있습니다. 지구촌 전역에 전쟁이 끊이지 않지만, 이 2개 지역의 갈등은 워낙 복잡해서 그만큼 풀기도 어렵기 때문일 것입니다.

중동 문제는 이스라엘과 팔레스타인 간 다툼이라고 생각하기 쉽습니다. 그리고 유대교와 이슬람의 종교 문제가 근본 원인이라고 생각하기도 하지요. 그런데 조금만 깊게 들어가면 이스라엘은 미국이 깊게 연결되어 있고, 팔레스타인과 중동 국가는 종교는 같지만 저마다 생각이 다릅니다.

심지어 이스라엘과 직접 국경을 맞대고 있는 레바논, 요르단, 시리아, 이집트 상황이 각각 다릅니다. 혹자는 이스라엘과 아랍 국가 간 대결이라고 하는데 튀르키예(터키), 이란은 아랍이 아니면서 또 다른 영향을 주고 있습니다.

저는 2011년 이집트와 이스라엘을 방문했었는데 10년이 지나도 잊히지 않는 그때 기억 몇 가지가 있습니다. 첫째는 이집트 피라미드 앞에서 플래카드를 펼치고 기념사진을 찍었는데 이집트 경찰한테 호되게 혼났던 것입니다. 한글과 영어로 관광 프로그램 이름과 날짜가 적힌 전혀 문제없는 내용이었는데, 나중에 알고 보니 플래카드 펼치는 것 자체가 금지라고 했습니다. 그 당시 이집트 무바라크 대통령이 독재자로 군림하면서 생긴 일상이라는 것이었습니다.

전 그 당시 이집트가 민주주의 국가 중 하나라고 생각했었으니 충격이었습니다. 그래서 돌아오는 버스 안에서 "이러다 이집트 국민 들고일어날 날이 곧 오겠네. 관광객한테 이 정도이면 여기 국민은 얼마나 힘들겠어?"라고 옆에 앉은 후배에게 말했습니다.

그런데 한국에 도착한 지 이틀 지났을 때 이집트 전역에 시위가 벌어져 무바라크 대통령이 사임했다는 뉴스가 보도되었습니다. 그냥 내뱉은 말이 현실이 되어 신기하기도 했지만, 이틀만 늦었어도 집으로 돌아오기 힘들었겠다 싶었습니다. 9·11테러 때는 미국을 갔었는데, 제가 가는 곳마다 엄청난 일이 일어나는 것 같네요.

둘째는 이집트에서 이스라엘로 육로로 이동 후 베들레헴에 갔을 때입니다. 우리 일행은 견학을 마치고 밤에 호텔에 들어왔고, 다음 날 혼자 산책하러 나갔습니다. 그 지역이 조금 위험한 곳이니 호텔 안에 있으라는 얘기를 들었지만, 그땐 호텔 근처만 둘러보겠다는 생

이집트와 이스라엘 사이에 위치하여 팔레스타인인들의 자치가 이루어지고 있는 영토인 가자지구. 이스라엘은 이곳을 총 길이 750㎞, 높이 8m에 달하는 거대한 장벽으로 둘러싸고 어떠한 물품도 들어가지 못하도록 통제하고 있다.

각이었습니다.

그런데 호텔에서 멀리 떨어져 있지 않은 곳에 길게 막혀 있는 장벽을 보게 되었습니다. 자그마치 높이가 거의 8m 정도 되는 장벽이었는데, 그 건너편 안에 뭐가 있냐고 물어보니 팔레스타인 사람이 주로 살고 있다고 했습니다. 일명 요르단강 서안지구였는데, 이스라엘과 팔레스타인 지역을 장벽으로 나눈 것이었습니다. 그 장벽을 보니 문득 DMZ 철책선이 떠올랐습니다.

하지만 사뭇 다른 느낌도 있었습니다. DMZ 철책선은 민간인이 아예 접근할 수 없는 곳에 있어 감이 잘 오지 않았는데, 서안지구 장벽은 민간인 누구나 가깝게 갈 수 있다는 점에서 위압감이 더 크게 다가왔습니다. 이런 장벽이 있음에도 불구하고 이스라엘과 팔레스타인 분쟁은 왜 멈추지 않을까요? 이를 둘러싼 중동 국가들은 어떻게 해야 전쟁을 멈출까요?

어디서 첫 단추가 잘못 끼워졌을까?

우리나라를 비롯해 많은 현대 국가들은 제국주의가 소멸한 1차 세계대전, 2차 세계대전 직후 식민지에서 독립해서 현재의 국가 형태를 갖게 되었죠. 이스라엘은 이런 흐름 속에서 유대교를 믿는 유대인이 모여 1948년 건국하였습니다.

그런데 유대인이 건국한 이스라엘 지역의 원주인은 유대인이 아니었습니다. 유대인들도 살긴 했지만 소수였고, 절대 다수는 이슬람을 믿고 아랍어를 사용하는 아랍인이었습니다. 즉 유대인은 비어 있는 땅이 아닌 원주인을 밀어내고 내 땅이라고 깃발을 꽂은 것이었죠. 아메리카 대륙에 인디언들을 밀어내고 땅을 차지했던 유럽인들과 마찬가지였죠.

원래 팔레스타인은 1차 세계대전에 영국, 프랑스, 미국과 반대편에서 싸웠던 오스만제국에 속해 있던 땅이었습니다. 오스만제국이 융성했을 때는 팔레스타인을 포함해 유럽 동남부, 서아시아, 북아프리카, 중동 대부분을 통치했었습니다. 오스만제국을 흔히 아랍제국이라고 부르기도 했는데, 전쟁에서 지자 터키를 제외한 중동지역 대부분이 영국과 프랑스에 여러 조각으로 분리되어 식민지가 되었습니다.

문제는 시간이 지나 식민지에서 해방될 때 발생했습니다. 애초에 오스만제국 그대로 원상복구가 된 것이 아니라 사분오열 찢어진 상태에서 각각 독립국가로 만들어졌기 때문입니다.

일제강점기에서 우리나라가 해방될 때 이남에는 미국, 이북에는 소련이 들어와 남한과 북한으로 분단된 것처럼 오스만제국도 이집트, 요르단, 시리아, 레바논, 이라크 등 여러 개의 국가로 분단된 것이었죠.

이 시기 유대인 사회에서는 2000년 동안 전 세계에 뿔뿔이 흩어져 살던 유랑생활을 끝내고 조상들이 살았던 팔레스타인에 다시 돌

서기 70년 이래로 조국을 잃고 전 세계에 흩어져 살아온 유대 민족은 이스라엘 옛 땅 팔레스타인 지역에 국가를 세우려는 시오니즘(이스라엘 회복) 활동을 해왔다.

아가자는 시온주의가 확산하고 있었습니다. 2차 세계대전에서 나치의 유대인 대학살(홀로코스트)은 시온주의에 기름을 부었고요.

그렇다고 아랍인들이 득실대고 있는 팔레스타인에 유대인들이 원한다고 무턱대고 자신들의 국가를 세울 수 없었기에 이주민들만 늘어나는 상황이었습니다. 그런데 신기하게도 국제 정세가 유대인이 국가를 세울 수 있는 방향으로 흘러가기 시작했습니다.

팔레스타인을 식민지로 삼고 있던 영국이 1차 세계대전에 미국의 참전을 애타게 원하고 있었던 거죠. 영국은 미국내에서 영향력이 있는 유대인들이 압력을 넣어 미국이 참전하게 되면 유대인 국가를 세울 수 있게 돕기로 한 것이었습니다. 이것은 1917년 영국 외무대신 밸푸어의 선언(밸푸어선언)으로 현실화하였습니다.

이에 팔레스타인에 살고 있던 아랍인들은 황당했습니다. 2000년 전 유대인이 이곳에 살았더라도 그 후 2000년 동안 계속 살았던 민족은 다름 아닌 아랍인이었으니까요. 게다가 영국은 아랍인에게도 비슷한 약속(맥마혼선언)을 이미 2년 전 했었습니다. 1차 세계대전 중 독일에 등을 돌리면 팔레스타인을 포함한 아랍 지역의 식민지를 아랍인 국가로 독립시켜 돌려주겠다는 것이었죠. 영국의 약속을 철석같이 믿고 따랐는데, 유대인의 손을 들어줬으니 아랍인들은 실망을 넘어 화가 났습니다.

1, 2차 세계대전이 끝나며 이런 상황이 알려지자 유대인과 아랍인은 민병대를 조직해 상대에 대한 테러와 폭력을 행사했습니다. 서로 자기네 땅이라고 우기며 싸우기 시작한 것이죠. 영국은 무책임하게 이 문제에 손을 뗐고 유엔은 해결책을 내놓았습니다.

그 주요 골자는 팔레스타인 지역을 유대인 국가와 아랍인 국가로 분할하고 두 민족의 성지인 예루살렘은 국제 공동통치지역으로 설정하는 것이었습니다. 유대인은 찬성하였고, 아랍인은 반대하였습니다. 유엔에서 제안한 이스라엘 땅 크기가 절반을 넘었기 때문입니다. 유대인들이 미국과 영국을 움직여 유엔의 결정을 자국에 유리하게 만든 것이었죠.

결국 팔레스타인에 있던 영국군은 1948년 5월 14일 철수하였고 이스라엘은 기다렸다는 듯이 독립을 선포하였습니다. 그러자 다음 날 인접한 아랍국가 군대들이 연합하여 이스라엘을 침공하였습니다. 이스라엘과 중동 국가 간 전쟁이 본격적으로 시작한 것입니다.

1차 중동전쟁 – 예상치 못한 결과

첫 번째 전쟁은 1948년 5월부터 1949년 3월까지 10개월 동안 진행되었습니다. 이 기간 1개월, 3개월 두 차례의 휴전이 있었으니 전투는 6개월 정도 벌어졌습니다. 전쟁 초기에는 아랍연합이 앞섰고, 당연히 그렇게 끝날 것으로 모두 예상했습니다. 그런데 이 모든 걸 뒤엎고 이스라엘이 이겼습니다.

이스라엘이 질 것으로 생각했던 이유는 여러 가지가 있었습니다. 첫째는 이스라엘이 이제 막 건국한 국가로서 군대를 제대로 갖추지 못했기 때문입니다. 실제로 이스라엘은 전쟁 초기에 무기가 별로 없었습니다. 군인 3명이 소총 한 자루를 나눠 쓸 정도였으니까요.

둘째는 군인의 질과 양의 문제였습니다. 아랍 국가들 대부분은 영국 식민지로 있으면서 영국식 군사훈련을 받은 경험이 있었지만, 이스라엘은 주로 그런 경험 없는 민간인이 전쟁에 참여했습니다.

그리고 역시 군인을 계속 보급할 수 있는 지표인 인구 차이가 워낙 컸습니다. 전쟁 직전 팔레스타인 지역으로만 한정해도 유대인은

65만 명이었고 아랍인은 100만 명이 살고 있었습니다. 전쟁에 직접 참여한 레바논, 시리아, 요르단, 이라크, 이집트 인구까지 더하면 1억 명이 넘었으니 체급 자체가 달랐습니다.

그래서 1차 중동전쟁이 벌어졌을 때 승자가 누구일까가 아니라 아랍 국가가 몇 개월 만에 승리할 것인가에 관심이 쏠렸습니다. 그런데 유대민족의 전설인 다윗과 골리앗 싸움처럼 작은 이스라엘이 거인 아랍연합을 무찔렀으니 세계가 모두 놀랐습니다.

이스라엘 영토에 들어온 아랍연합을 쫓아낸 것도 모자라 후퇴한 아랍 국가 영토까지 공격해 들어가서 영국이 말리느라 진땀을 흘리기도 하였습니다. 제대로 된 군대도 갖추지 않았고, 그나마 있던 군대도 질과 양에서 밀렸던 이스라엘이 어떻게 이길 수 있었을까요?

유대민족들은 그들이 믿는 여호와 하느님 덕분이었다고 합니다. 그러나 진짜 이유는 이스라엘에서 찾기보다는 아랍연합에서 찾는 것이 빠릅니다. 즉 속을 들여다보면 이스라엘이 잘 싸워서가 아니라 아랍연합은 패배의 씨앗을 갖고 이스라엘을 침공했던 거죠.

무엇보다 이스라엘 침공에 대한 아랍 국가 간 목적이 모두 달랐습니다. 유대인들을 팔레스타인에서 쫓아낸다는 명분은 같았지만, 자국의 실리를 챙기는 데 우선했던 것이죠. 심지어 팔레스타인 안에 있던 아랍인 무장세력도 2개로 나뉘어 서로 반목할 정도였어요. 아랍 국가들은 이스라엘을 침공하는 것보다 당장 급한 것이 있었는데, 바로 내정 안정이었습니다.

아랍 국가들 국경선을 보면 뭔가 특이한 점을 발견할 수 있는데, 주로 직선으로 그려져 있죠. 대부분 국가의 국경은 꼬불꼬불한 강이나 산맥에 따라 나뉘는데 직선으로 되어 있다는 것은 뭔가 인위적으로 그려졌다는 것을 의미합니다. 그 범인은 영국과 프랑스였습니다. 오스만제국을 식민지로 만들 때 구분하기 쉽게 직선으로 분할해서 사이좋게 나눠 가졌던 거죠.

인간은 자연환경에 따라 종족, 민족이 나뉘어 오랜 기간 공통의 경험과 문화를 축적하는데, 이는 국가로 발전할 때 아주 중요한 부분입니다. 그런데 아랍 국가들은 이슬람을 믿는 것은 같지만 수니파, 시아파 종파의 차이부터 인종, 민족의 차이가 컸습니다. 그런데 이것을 깡그리 무시하고 직선으로 그려놓은 국경 안에 쑤셔 넣었으니 아랍 국가 내부의 갈등이 고조되었습니다.

현재 문제가 되는 쿠르드족 분쟁도 이때 생겼습니다. 3,000만 명이 하나의 민족으로 오랫동안 함께 살아오다가 터키, 시리아, 이라크, 이란에 그어진 국경선에 의해 작게는 200만 명에서, 많게는 1,700만 명이 사분오열되었던 거죠. 쿠르드족은 그들만의 독립국가를 만들기 위해 여기저기 무장투쟁을 하였고, 해당 국가 지도자들은 이를 수습하느라 진땀을 뺐습니다.

이렇듯 이스라엘을 공격하는 것은 좋은데, 아랍 국가들은 당장 갈등과 분열로 인한 내부 충돌이 저마다 걱정이었습니다. 반면에 이스라엘 침공으로 얻고자 하는 실리도 각자 달랐습니다. 예를 들어 그

쿠르드족

쿠르드족은 튀르키예의 아나톨리아 반도 동남부와 이란, 이라크, 시리아 등이 접경을 이루는 산악지대인 쿠르디스탄에 주로 거주하는 이란계 민족이다. 인구는 약 3,800만 명으로 이라크 북부와 시리아에 쿠르디스탄 자치구가 설립되었고 독립된 국가를 꿈꾸고 있다. 이라크 독재자 사담 후세인은 소수 민족인 쿠르드인의 독립 시도를 박해하였는데, 걸프전쟁에서 적국인 이란에게 협력했다는 이유로 쿠르드인에게 화학무기(독가스)로 공격하여 국제적으로 많은 비난을 받았다.

당시 전투력이 가장 높았던 요르단은 예루살렘이 있는 요르단강 서안지구(West Bank)를 점령하는 것으로 만족했기에 이스라엘 안으로 더 진격하지 않았습니다.

이스라엘은 전쟁 초기 방어에 성공한 것을 바탕으로 무기를 들여와 전열을 가다듬었고 아랍 국가 하나씩 각개격파를 했습니다. 침공했던 아랍 국가들은 이제 침공당하는 상황에 몰리자 각각 이스라엘과 휴전협정을 맺었습니다.

이스라엘은 1차 중동전쟁의 승리로 몇 군데 땅을 더 얻었습니다. 그리고 이스라엘 국가 안에 있던 70만 명의 팔레스타인인을 다른 곳으로 쫓아내 유대인만의 국가 초석을 세우게 되었습니다. 반대로 팔레스타인인들은 이 시기 '대재앙(알 나크바)'이라 부를 정도로 혹심한 고통을 겪게 되었고요. 아랍인들은 패전의 이유를 서로에게 돌리며 중동지역의 먹구름은 더욱 짙어지기 시작했습니다.

2차 중동전쟁 - 이겼으면서 진 이스라엘

1차 중동전쟁 이후 이스라엘 국경에 크고 작은 분쟁은 끊이지 않았습니다. 전쟁에 이겼다고 하루아침에 평화가 오는 것은 아니지요. 이는 비단 이스라엘만 해당하지 않고 인위적으로 만들어진 아랍 국가도 마찬가지였습니다.

그중 하나가 이집트였습니다. 1922년 영국 식민지에서 독립한 이집트는 왕이 다스리는 입헌군주제 국가였는데 내부 혼란으로 1953년 군사 쿠데타가 발생해 공화국으로 바뀌었습니다.

군인으로 있다 이집트의 대통령이 된 나세르는 지지기반을 굳건히 다질 필요가 있었습니다. 그래서 나세르 대통령은 1956년 수에즈운하 국유화 선언을 하였습니다. 그는 영국의 오랜 식민지였던 이집트 국민의 반감을 이용할 셈이었고, 이를 위해 수에즈운하를 건드린 것이었죠.

수에즈운하는 이집트 영토 안에 있는데, 실제로는 영국이 관리하면서 돈을 많이 가져갔습니다. 더는 영국의 식민지가 아닌데도 그러고 있었으니 이집트 국민은 나세르 대통령의 결정에 큰 지지를 하였습니다.

그런데 수에즈운하는 영국만의 문제가 아니었습니다. 운하를 건설할 때 막대한 자금을 대서 자유롭게 이용하고 있던 프랑스도 화가 났습니다. 이집트 바로 옆에 있어 수에즈운하에 큰 혜택을 얻고 있던 이스라엘도 마찬가지였습니다.

이집트에 비용을 내지 않으면 운하를 사용할 수 없게 되자 영국, 프랑스, 이스라엘 3자가 모여 회의를 하였습니다. 외교적 교섭이 안 먹히자 3국은 군사작전에 들어갔습니다. 1956년 10월 이스라엘이 먼저 이집트를 침공했고, 뒤이어 영국의 공수부대와 프랑스의 외인부대도 참전하여 이스라엘을 도왔습니다.

1차 중동전쟁 이후 현대화된 군사력을 보유하고 있던 이스라엘이었기에 혼자 침공해도 이겼을 텐데 영국과 프랑스까지 함께했으니 결과는 뻔했습니다. 이스라엘 17만5,000명, 영국 4만5,000명, 프랑스 3만4,000명이 이집트 30만 명과 붙어 3국은 200여 명의 사망자가 나왔고 이집트는 10배 이상의 손상을 입었습니다. 전쟁 일주일 만에 이스라엘은 수에즈운하와 시나이반도를 점령하였고 전쟁은 이렇게 끝나는가 싶었습니다.

그런데 반전이 일어났습니다. 미국과 소련이 합심해서 3국의 이집트 침공에 반발한 것입니다. 소련은 그렇다 해도 1, 2차 세계대전을 연합국으로 함께했던 미국도 비난하니 영국과 프랑스는 크게 당황했습니다. 이집트 침공 전 미국과 상의를 했었던 영국과 프랑스는 미국의 우려 표명을 들었지만, 이렇게까지 강하게 나올 줄은 예상하지 못했던 거죠. 미국은 이집트에서 철수하지 않으면 영국과 프랑스에 군사적, 경제적 지원을 중단하겠다는 으름장을 놓았고, 영국과 프랑스는 깜짝 놀라 이집트에서 바로 철군하였습니다.

1957년 3월 이스라엘 군대도 철군하면서 제2차 중동전쟁은 이집트가 군사적으로는 패했지만 외교적으로 승리한 아이로니컬한 전쟁이 되었습니다. 수에즈운하의 소유권은 이집트로 완전히 넘어갔으니까요.

이때부터 중동에서 거리상 가까운 영국과 프랑스의 영향력은 쇠퇴했고 미국이 본격적으로 개입하는 시대가 열렸습니다. 물론 이스라엘과 팔레스타인의 테러와 응징의 악순환은 변함이 없었고요.

3차 중동전쟁 – 먼저 움직인 이스라엘과 허를 찔린 아랍

2차 전쟁이 끝난 지 막 10년이 넘어갈 때 1967년 3차 전쟁이 시작되었습니다. 1차 전쟁은 아랍 국가가 이스라엘을, 2차 전쟁은 이스라엘이 이집트를 침공했습니다. 그렇다면 3차는 누가 어디를 공격했을까요? 2차 전쟁처럼 이스라엘이 이집트를 또 공격했습니다. 2차와 비슷했던 것이죠. 그런데 두 가지가 달랐습니다.

첫째는 전쟁 기간이 딱 6일이었습니다. 전쟁치고는 아주 짧았죠. 둘째는 전쟁 결과 이스라엘 땅이 넓어졌습니다. 2차 전쟁 때는 승리했지만 얻은 것이 하나도 없었는데, 3차 전쟁의 승리로 이스라엘 영토가 넓어졌습니다. 이스라엘은 이집트로부터 가자지구와 시나이반도를, 요르단으로부터 동예루살렘과 요르단강 서안지구를, 시리아로부터 골란고원을 빼앗은 거죠.

6일 동안 전쟁으로 이 정도의 전과를 올렸다는 것은 그만큼 이스라엘이 3차 전쟁에 얼마나 많은 준비를 했는지 알 수 있습니다. 사실 이스라엘 국가 지도자들은 과거 2차례의 중동전쟁에 승리하였지만, 아랍 국가에 둘러싸여 있는 상황이므로 언젠가 이스라엘이 무너질 것이라고 걱정했습니다.

그도 그럴 것이 건국 후 하루도 멀다 하고 국경에서는 크고 작은 전투로, 국내는 아랍인들의 테러로 조용할 날이 없었습니다. 가랑비에 옷 젖는다는 말처럼 이스라엘이 받는 군사적, 경제적 피로감은 계속 쌓였습니다. 게다가 아랍인 영토인 서쪽인 가자지구와 동쪽인 서안지구가 워낙 가깝게 있어 아랍인들이 마음먹고 이 지역을 연결하면 이스라엘은 졸지에 남북으로 분단될 수 있는 지리적 약점이 마음에 걸렸습니다. 그 당시 임시수도였던 텔아비브도 그 지역에 있었고요.

이스라엘이 여러 아랍 국가 중 이집트를 먼저 공격한 이유는 무엇이었을까요? 첫째는 이집트가 이스라엘에 인접한 아랍 국가의 맏형 같은 역할을 하고 있었기 때문입니다. 쿠데타로 집권한 이집트 나세르 대통령은 아랍연합공화국을 주창하였고 시리아가 잠깐 합류하기도 했었습니다.

둘째는 2차 전쟁의 원인이었던 수에즈운하와 해상항로를 확보하기 위해서였습니다. 나세르 대통령은 1967년 5월에 시나이반도와 사우디아라비아 사이의 티란해협에 이스라엘 선박 통과를 허용하지 않겠다고 으름장을 놓았습니다.

이스라엘은 수에즈운하가 막혔을 때 2차 전쟁을 감행했는데 티란해협을 막자 3차 전쟁을 생각하지 않을 수 없었습니다. 2차 전쟁 후 수에즈운하가 완전히 이집트로 넘어간 상태에서 남은 해상항로가 그나마 티란해협이었는데 이마저도 막힌다는 것은 상상할 수 없던 것이었죠.

이것 말고도 이집트는 이스라엘과 맞닿은 국경에서 크고 작은 도발을 하였고, 아랍 국가들에게는 이스라엘을 심판하자고 선동하였고, 유엔을 비롯한 국제회의에서 이스라엘을 비난하였습니다.

이스라엘은 3차 전쟁 카드를 만지작거리면서 가장 고민했던 것은 유엔이나 미국의 개입이었습니다. 이미 2차 전쟁에서 영국과 프랑스마저도 꼬리를 내리는 것을 봤기 때문에 3차 전쟁은 누가 개입하기 전에 속전속결로 끝내야 한다고 생각했습니다.

수에즈 운하

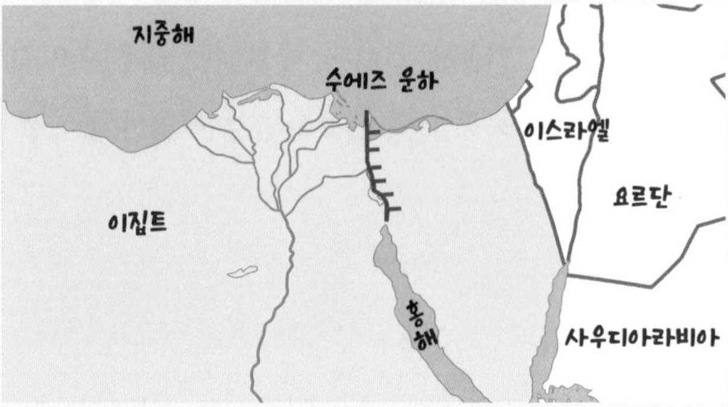

지중해와 홍해를 통해 북대서양과 인도양을 잇는 수로로, 아프리카를 우회하지 않고 유럽과 아시아를 해상으로 연결한다. 운하는 북쪽의 포트사이드와 남쪽의 수에즈 인근을 잇는다. 운하는 길이 193km, 깊이 24m, 폭 205m이다. 2020년에는 18,500척 이상의 선박이 운하를 이용했다. 수에즈 운하는 중립지대로서 이집트가 관리만 할 뿐 주권이 미치진 않고 수에즈 운하에 대한 임의적인 조치는 할 수 없다.

결국 1967년 6월 5일 아침 이집트 공군의 허점을 이용하여 이스라엘 전투기들이 기습폭격을 하면서 3차 전쟁이 시작되었습니다. 이집트는 개전 초기에 공군이 완전 박살났고, 이스라엘은 자유롭게 전투기 폭격 후 지상군, 고속 전진으로 3일 만에 시나이반도 전체를 점령하였습니다.

그런데 이 3일 동안 유엔, 미국은 이스라엘을 제지하기는커녕 손 놓고 상황을 보기만 하였습니다. 이스라엘로서는 하루가 아쉬운 상황에서 전쟁이 며칠 지났는데도 가만히 있는 유엔과 미국이 고마웠는데, 이걸 가능하게 해준 사람이 있었습니다. 아이로니컬하게 이집트 나세르 대통령이 바로 그 주인공이었습니다.

나세르 대통령은 이스라엘이 이집트를 침공했지만 바로 반격하였고, 오히려 이집트 군대가 이스라엘을 공격하고 있다고 천연덕스럽게 발표하였습니다. 지금이야 인공위성이나 전자기술로 전황을 실시간으로 확인할 수 있지만 그때는 모두 믿었죠.

나세르 대통령이 거짓말을 한 이유는 이스라엘을 공격하는 데 주저하는 요르단과 시리아를 설득하기 위해서였습니다. 이참에 이스라엘을 끝장내 버리자고 한 것이었고, 실제로 그 설득이 먹혔습니다. 요르단은 동쪽에서, 시리아는 북쪽에서 이스라엘을 공격했습니다.

그러나 거짓말의 결과는 처참했습니다. 이들의 공격 초반에 이스라엘은 고전했지만, 이집트에 그랬던 것처럼 압도적인 승리를 하였습니다. 3차 전쟁 기간 이집트군 1만5,000여 명, 요르단군 700여 명, 시리아군 450여 명이 사망하였고 부상자와 실종자는 그 이상이었습니다. 반면에 이스라엘군은 800여 명이 사망하였습니다.

3차 전쟁을 통해 새롭게 점령한 영토에서 아랍인들을 쫓아내었고, 현재의 이스라엘 국토를 확립하였습니다. 골란고원에 있던 시리아인 10만 명, 서안지구의 팔레스타인인 30만 명이 살던 곳에서 쫓겨나 난민이 되었습니다.

4차 중동전쟁 – 승자 없는 전쟁

우리나라에서는 삼세판이라는 말이 있습니다. 뭘 해도 승부를 내려면 단판이 아니라 세 판 정도는 겨뤄봐야 한다는 거죠. 그런데 유대인이나 아랍인들은 우리 민족이 아니다 보니 3차 전쟁에서 멈추지 않고 4차 전쟁까지 가게 되었습니다.

4차 전쟁은 1973년 10월에 발발해 20일간 진행되었습니다. 3차 전쟁이 1967년 끝났으니 6년 동안은 전쟁 없이 조용했느냐 했을 때 그렇지 않았습니다. 특히 이집트, 시리아, 요르단은 자신들의 영토를 일부 잃어버렸기에 그 어느 때보다 이스라엘과 대치하면서 소모전을 펼쳤습니다.

이스라엘은 이스라엘을 국가로 인정, 평화협정 체결, 뺏은 지역을 비무장지대로 만들 것, 세 가지 조건을 수락하면 반환하겠다고 했지만, 아랍 국가들은 거부하였습니다. 3년 동안 소모전을 거듭하다 1970년 휴전협상이 타결되었지만 잠깐 숨 고르기를 하는 미봉책이었습니다.

4차 전쟁은 2, 3차 전쟁과 몇 가지 다른 점이 있었습니다. 첫째는 이집트 대통령이 바뀌었다는 것, 둘째는 선공이 이스라엘이 아니라 아랍 국가였다는 것, 셋째는 이스라엘의 압도적인 승리가 아니었다는 것이죠. 2, 3차 전쟁에서 아랍 국가 우두머리였던 나세르 대통령은 1970년 휴전협상 타결 직후 심장마비로 사망했습니다. 그 이후 권좌에 오른 사다트 대통령은 전임자와 완전히 다른 행보를 보였습니다.

사다트 대통령은 집권 후 이집트 군대를 비롯한 전 분야에 체질개선을 차분히 실행하였습니다. 나세르 대통령이 호전적이고 막가파식이었다면, 사다트 대통령은 치밀했고 서방국가와 이스라엘을 대화의 상대로 인정했습니다. 하지만 시간이 지나도 이스라엘의 고압적인 태도가 바뀌지 않자 4차 전쟁을 비밀리에 준비하였습니다.

나세르 대통령은 이스라엘을 공격할 생각이 없으면서 공격하는 척했다면, 사다트 대통령은 공격할 생각을 철저히 숨겼습니다. 나세르는 갑작스레 군대를 소집했다면 사다트는 몇 개월에 한 번씩 정기적으로 군대에 비상을 걸었던 거죠.

사다트는 이스라엘 침공 준비가 끝나자 이집트 군대에 비상소집을 하였습니다. 그런데 이스라엘 정보기관이 이집트에 심어놓은 최고위급 스파이가 용케 알아내어 본국에 "당장 내일 이집트에서 공격한다고 합니다"라고 보고를 하였습니다.

그 보고를 받은 이스라엘 지도자들은 지금껏 사다트가 '양치기소년'처럼 정기적으로 군대를 비상소집해서 그냥 넘어간 것을 생각하며 적당히 무시했습니다. 처음 몇 번은 이스라엘도 이집트 군대 비상소집에 맞춰 행동했지만 아무 일도 없었기 때문입니다.

독재국가인 이집트는 비상소집을 마음대로 할 수 있었지만, 이스라엘은 군인만 아니라 민간인까지 동원해야 해서 경제적, 사회적으

이집트 군인들이 라마단 기간 중에 수에즈 운하를 건너 고압 호스를 사용하여 바레브 라인(Bar-Lev line)을 부수며 이스라엘로 진격하고 있다. 그림은 10월전쟁을 기념하기 위해 이집트 카이로에 있는 기념관에 그려진 파노라마의 일부이다.

로 파장이 컸다는 점도 한몫했습니다. 결국 스파이의 경고를 무시하고 이스라엘군은 '욤 키푸르'라는 휴일을 맞이해 군인들은 휴가를 떠났습니다. 이때다 싶어 이집트는 이스라엘 침공을 하였고 4차 전쟁이 시작되었습니다.

이집트가 아무리 기습을 하였지만 그래도 이스라엘이 믿는 구석이 있었습니다. 그것은 '바레브 라인'이라고 불리는 최강의 방어선이었습니다. 이스라엘은 3차 전쟁 후 막대한 돈을 들여 점령한 수에즈 운하에 25m 높이 60도 경사의 모래 울타리를 160km에 걸쳐 구축했던 것이죠.

이집트 군대가 용케 운하를 건너더라도 이스라엘군의 기관총과

포탄이 빗발치는 가운데 '바레브 라인'을 넘는다는 것은 거의 불가능할 거라고 여겼습니다. 그런데 이집트는 소방펌프를 동원해 모래 울타리에 물을 쏴서 간단히 무너트렸습니다.

아무리 강력한 공격을 받아도 최소한 하루에서 이틀은 방어할 수 있다고 생각했던 '바레브 라인'이 2시간 만에 뚫리자 이스라엘은 극도의 혼란에 빠지게 되었습니다. 3차 전쟁 때 이집트로부터 빼앗아 시나이반도에 배치했던 주력 전차 절반인 300대가 박살났습니다.

설상가상으로 시리아도 이스라엘에 빼앗긴 골란고원을 찾겠다고 참전하였습니다. 이스라엘이 이집트에 집중하는 사이 골란고원을 지키는 이스라엘 기갑부대를 물리치고 요르단강 앞 100m까지 진격하였습니다.

이스라엘은 건국 이후 가장 절망적인 순간을 맞이하게 된 것이었죠. 바람 앞에 촛불 같았다고 할까요. 결국 이를 보다 못한 미국이 개입하였습니다. 우선 급한 불은 꺼야 하니 부족한 탄약, 무기를 이스라엘에 지원했습니다. 이스라엘군은 제때 보급을 받게 되어 더는 밀리지 않았고 시간이 조금 지나자 공세로 전환할 수 있었습니다.

동시에 미국은 휴전 중재를 하였고, 소련과 영국도 함께 나섰습니다. 이스라엘은 이스라엘대로 초기 혼란을 수습했으니 아랍 국가에 반격하려 했고, 이집트는 이집트대로 아직은 자신들이 우세하다고 멈추지 않으려고 했습니다.

하지만 미국, 소련, 영국의 휴전 중재라기보다는 반협박을 받

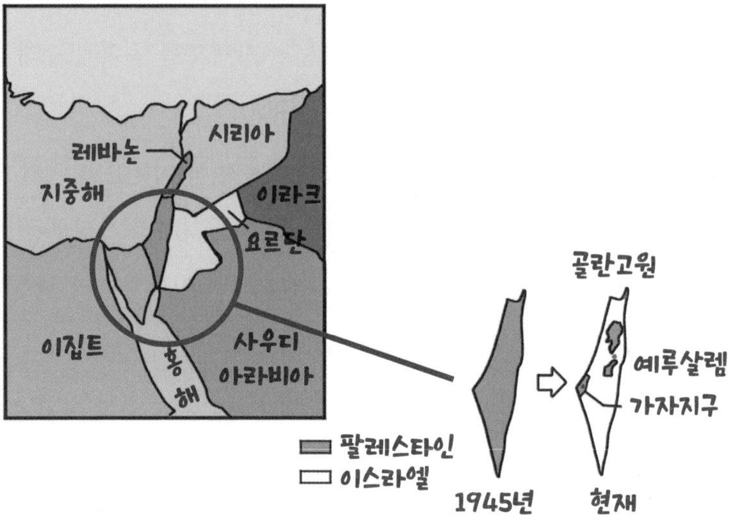

이스라엘 영토의 변화 과정

은 이스라엘과 이집트는 휴전협정에 서명하였습니다. 이스라엘군 2,800여 명, 이집트군 1만여 명, 시리아군 3,000여 명이 사망하였고, 양측 모두 수많은 부상자가 생겼습니다. 이스라엘은 과거 3차례의 전쟁에 비교해 피해가 컸지만 다행히 나라를 지켰다는 것에 의미를 두었고, 이집트는 3차 전쟁 때 빼앗겼던 시나이반도와 수에즈운하를 다시 가져올 수 있었습니다.

끝난 전쟁, 끝나지 않은 죽음

이스라엘과 아랍 국가 간 전쟁은 4차 전쟁으로 막을 내렸습니다.

4차 전쟁이 끝나고 현재까지 50년의 세월이 흘렀습니다. 다행히 5차 전쟁은 일어나지 않았지만, 이스라엘과 팔레스타인에는 수많은 사람이 죽어가는 분쟁이 끊이지 않았습니다. 엄밀히 말하면 팔레스타인인이 일방적으로 피해를 보는 경우가 많았습니다.

팔레스타인인의 희생자가 많다고 해서 그들의 테러가 정당화될 수 없지만, 이스라엘은 유독 팔레스타인 문제만큼은 강경했습니다. 1987년 가자지구의 팔레스타인 소녀가 학교 마당에서 놀다가 유대인에게 총을 맞은 사건도 그랬습니다. 재미로 총을 쏘았다고 한 유대인은 체포되었지만, 결국 무죄로 석방되었습니다.

2000년 같은 지역에서 팔레스타인 소년이 이스라엘군 총격에 목숨을 잃는 장면은 전 세계에 생중계되어 충격을 주었습니다. 아버지와 외출하러 나왔다가 시위 한복판에 갇혀 살려 달라고 손을 들었지만 돌아온 것은 총알이었습니다.

2014년 하마스 테러에 대한 응징으로 이스라엘군이 가자지구에 여러 날 무차별 포격을 하는 장면을 불꽃놀이 삼아 축제를 벌이고 있는 이스라엘 주민도 있었습니다. 어린이와 여성을 포함해 2,200여 명이 죽고 1만1,000여 명이 다친 상황에서 말이죠.

이러한 일들이 수없이 벌어졌기에 미국을 중심으로 국제사회는 머리를 맞대어 중동 문제를 풀어보려고 했습니다. 1993년 미국 클린턴 대통령의 중재로 이스라엘 라빈 총리와 팔레스타인자치기구(PLO) 아라파트 의장이 합의한 '오슬로협정'은 중동 평화를 향한 큰 발걸음이었습니다.

오슬로협정은 이스라엘군이 요르단강 서안과 가자지구에서 철수하고 팔레스타인인들에게 자치를 맡기기로 한 내용이었으며, 이를 위해 공을 세운 3명의 인사(라빈, 아라파트, 페레스)가 노벨평화상을 받을 정도로 국제사회에 호평을 받았습니다.

그러나 양 진영의 극단주의 세력들은 가만히 놔두지 않았습니다. 이스라엘 극우 청년에 의해 협정의 주역이었던 라빈 총리가 암살되었습니다. 팔레스타인 무장단체인 하마스는 이스라엘과 팔레스타인자치기구를 대상으로 테러를 가했습니다.

결국 '오슬로협정'은 실행이 중단되었고 '9·11테러' 이후 아프가니스탄과 이라크 전쟁에 국력을 소모한 미국은 중동 문제의 중재자 역할을 포기하였습니다. 오히려 2017년 미국 트럼프 대통령은 예루살렘을 이스라엘의 정식 수도로 인정하고 텔아비브에 있던 미국 대사관을 예루살렘으로 옮기겠다고 선언하였습니다.

예루살렘은 유엔의 기준으로는 이스라엘의 수도는커녕 이스라엘 영토가 아닌 이스라엘과 팔레스타인이 공유하는 특수지역인데, 트럼프 대통령의 선언은 일방적인 이스라엘 편애라는 비판을 받았습니다. 당연히 이 선언에 대해 유엔, 유럽연합 같은 국제기구, 미국의 전통 우방인 영국, 프랑스, 심지어 교황까지 반대를 표했습니다.

다행히 트럼프 대통령 이후 집권한 바이든 대통령에 의해 없던 일로 정리되었고, 미국뿐 아니라 어떤 국가든 중동 문제에 깊숙이 개

1994년 오슬로에서 열린 노벨평화상 수상식에서 공동수상한 야세르 아라파트 PLO 의장과 시몬 페레스 이스라엘 외무장관, 이츠하크 라빈 이스라엘 총리 ⓒ이스라엘정부

입하기를 꺼리고 있습니다.

이스라엘과 팔레스타인 문제는 첫 단추를 잘못 끼운 것 때문에 다시 단추를 다 풀고 새롭게 옷을 입기에는 너무 늦은 것 아니냐는 이야기도 나옵니다. 남한과 북한은 통일해야 평화가 오고, 이스라엘과 팔레스타인은 분리해야 평화가 오는데 둘 다 참 어려운 문제입니다.

그러나 아무리 복잡하게 얽힌 실타래일지라도 뜻이 있는 곳에 반드시 길이 있습니다. 국가가 해결하지 못하면 민간에서라도 이 문제를 풀어야 하지 않을까요. 매년 이스라엘을 비롯한 중동 여러 지역에서 여성평화회의를 진행하고 있는 세계평화여성연합(WFWP) 등 꾸준한 민간 NGO 활동은 암울한 중동의 문제를 풀 수 있는 실마리를 제공할 것이라 기대해 봅니다.

7

중국과 대만, 홍콩 보고 놀란 가슴

중국과 대만, 홍콩 보고 놀란 가슴

2005년 다양한 국적의 대학생들을 모아 경기도 연천에서 봉사활동 프로젝트를 진행한 적이 있습니다. 낮에 봉사활동을 한 후 저녁에 모여 평화를 주제로 조별 대화를 하는데, 갑자기 문제가 생겼습니다. 같은 조 중국 대학생과 대만 대학생 간 말싸움이 조금 격해진 것입니다. 대만 학생 명찰 국적에 'Taiwan'이라고 적었는데 중국 학생은 'Chinese Taipei'로 적어야 한다고 주장한 것이 발단이었습니다.

그때만 하더라도 진행자인 저는 그 차이가 무엇인지 이해하지 못했습니다. 중국 주도의 '하나의 중국' 정책에 따라 국제사회에서는 대만은 국가가 아닌 도시로 대우받고 있다는 것도 나중에 알았습니다. 하필이면 평화를 주제로 얘기하는 시간에 중국과 대만의 학생이 분쟁하고 있었으니 그 순간 얼마나 당황했는지 모릅니다.

저는 임기응변으로 과거 중국과 대만을 각각 방문했던 얘기를 꺼냈습니다. 중국에서 먹었던 북경오리, 대만에서 먹었던 딤섬이 지금도 기억이 난다고 했습니다. 학생들은 지금 벌어진 상황이랑 음식이랑 무슨 관련이 있느냐는 표정을 지었습니다.

저는 아랑곳하지 않고 그냥 말을 이어 갔습니다. "그때가 꽤 지나서 북경오리와 딤섬을 중국에서 먹었는지, 대만에서 먹었는지 기억은 나지 않는다. 그냥 그 음식만 기억난다. 각 국가를 대표한 곳에서 국호나 정치적인 이슈가 중요할 수 있지만, 여기는 대학생들이 자유롭게 자기 생각을 얘기하는 자리이니 거기에 집중하자"라고 말했습니다.

지금 생각해 보면 말이 좀 안 되는 것 같은데 통역을 잘해서 그랬는지 중국, 대만 학생은 웃으면서 넘어갔고 분위기는 다시 좋아졌습니다. 사실 중국과 대만은 남한과 북한처럼 비슷한 점이 많습니다. 하나의 민족이 비슷한 시기에 내전을 겪었고 다른 체제 아래 떨어져 살고 있으니까요.

그런데 2021년 말부터 중국의 대만 무력침공 얘기가 솔솔 나왔습니다. 중국 시진핑 주석이 장기 집권을 결정하는 공산당 대회가 2022년 하반기에 열리는데 그 전에 중국 국민의 지지를 받을 수 있는 확실한 무엇인가가 필요하다는 점에서 대만 침공 시나리오가 거론되었던 것이죠.

'에이 설마 그런 일이 실제로 일어날까?' 하는 마음이 컸었는데,

2022년 2월 러시아가 우크라이나 침공을 하는 것을 보면서 생각이 바뀌었습니다. '전쟁은 생각보다 쉽게 일어날 수 있구나'라는 염려와 함께 중국의 대만 침공을 진지하게 살펴봐야 한다는 것을 느꼈습니다.

특히 2022년 8월 미국 낸시 하원의장의 대만 방문 직후 중국의 움직임을 보면서 깜짝 놀랐습니다. 중국의 군함과 전투기들은 대만 해협 중간선을 넘어 대만을 위협하였습니다. 일반적인 군사훈련이라고 하면서 훈련 지역 6곳 중 3곳이 대만 영해 안에 있었고, 중국 언론은 이 훈련을 '문을 닫아 놓고 개를 패는 모양새'라고 표현하였습니다.

심지어 중국에서 발사한 미사일 4발이 서쪽에서 날아가 대만 하늘을 지나 대만 동쪽 바다에 떨어지기도 하였습니다. 우리로 보자면 북한이 원산에서 미사일을 발사해서 서울을 지나 제주도 남쪽 바다에 떨어진 것과 비슷한 상황이었던 거죠.

중국군의 훈련으로 인해 세계에서 가장 붐비는 대만해협을 지나는 화물선들은 항로를 변경하거나 속도를 줄여야 했습니다. 세계 반도체 생산의 주요 국가인 대만에 대한 위협이 일시적이어서 그나마 다행이었지만, 중국과 작은 마찰만 생겨도 세계 경제에 막대한 피해를 줄 수 있다는 것을 새삼 느꼈습니다.

더 나아가 중국의 대만 무력침공이 실제 벌어진다면 성공과 실패를 떠나 어떤 상황이 벌어질지 걱정이 됩니다. 이 과정에서 한반도는 간접적 피해가 아니라 직격탄을 맞는 상황이 올 수 있습니다. 중국의 침공을 대만군이 방어하면서 주한미군이 주일미군과 함께 참전할 수 있기 때문입니다.

중국과 대만의 전면전은 대만해협에만 위협이 되는 것이 아니라 주한미군의 대만 진입을 막기 위하여 중국이 한반도를 선제공격할 가능성도 있다는 점에서 한국은 다른 나라처럼 막연히 쳐다보면 안 되는 상황입니다.

20세기 초 난리 통이었던 동북아시아

우리나라 역사는 고조선으로 시작해서 여러 나라를 거쳐 조선을 넘어 대한제국이었다가 일본에 나라를 빼앗긴 후 광복이 되었다가 남북으로 분단되어 현재까지 왔습니다. 중국은 하나라로 시작해서 진나라, 당나라 등을 거쳐 청나라와 중화민국을 거쳐 현재 중화인민공화국이 되었습니다.

현재 중국과 대만 문제는 1911년 중국의 신해혁명으로 1912년 청나라가 망하고 중화민국이 탄생한 시기부터 시작되었습니다. 우리나라도 그랬지만, 이 시기 중국도 난리였습니다. 청나라 말기 중국 전역이 내분으로 혼란에 휩싸였고, 영국을 비롯한 서구 열강들에 수탈을 당했습니다. 두 차례 영국에 패배한 아편전쟁, 중일전쟁도 이 시기에 발생했고요.

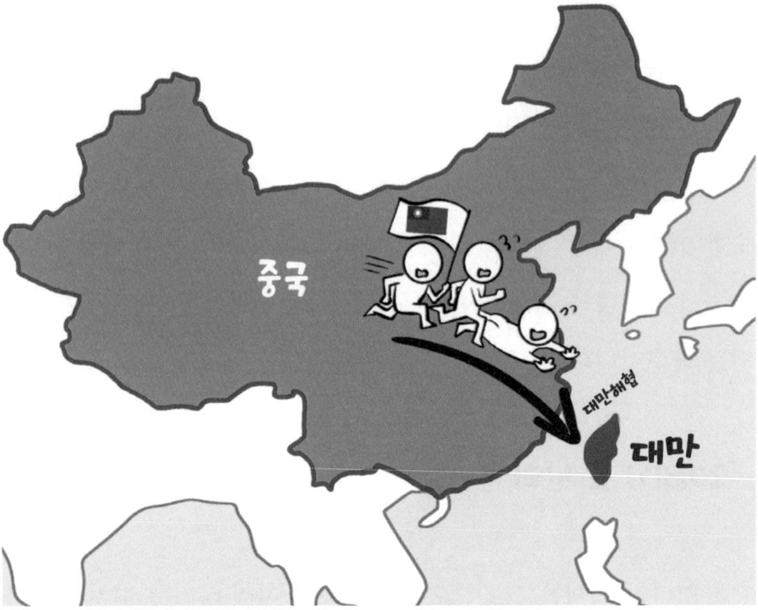

국공내전에서 패해 중국 본토에서 대만으로 도피한 국민당

국민당과 공산당의 싸움으로 발발한 중국의 내분은 약 20년간 지속되다가 1949년 공산당의 승리로 마무리가 되었습니다. 일명 '국공내전'이라 불리는 이 내전은 초기에 국민당이 우세했습니다. 공산당 군인이 127만 명인 것에 비해 국민당 군인은 430만 명으로 대략 3배 이상 많았습니다.

공산당은 초기 열세를 헝그리정신으로 버텼습니다. 전쟁 중반에는 공산당 지도부를 일망타진하기 위한 국민당의 거대한 포위망을 피하며 대륙의 남쪽에서 서쪽으로, 다시 북쪽으로 1만km를 이동하기도 하였습니다. 일명 중국 공산당 역사에 전설로 남아 있는 '대장

정'까지 하면서 국민당에 역전할 수 있는 기회를 호시탐탐 노렸고, 결국 공산당이 승리하였습니다.

참고로 역사의 가정이긴 하지만 만약 국공내전이 공산당이 아닌 국민당의 승리로 끝났다면 어떻게 되었을까요? 다음 해인 1950년 한국전쟁은 일어나지 않았을 것입니다. 설사 일어났다 하더라도 인천상륙작전 이후 유엔군에 의해 한반도는 자유민주주의로 통일된 국가가 되었을 거라는 점에 국민당의 패배는 못내 아쉽습니다.

국민당을 도운 소련, 공산당을 도운 미국

중국 공산당이 승리하는 과정은 참 알다가도 모를 일이 많았습니다. 현재의 관점에서 보면 더 그렇습니다. 예를 들어 그 당시 공산주의 종주국이었던 소련은 중국 공산당 편만 들었을 것 같은데 그렇지 않을 때도 있었습니다. 국민당과 우호관계를 갖고 나아가 여러 물자를 원조하기도 하였습니다.

그 이유는 일본이라는 변수가 있었기 때문입니다. 일본은 이미 한반도를 점령하였고 그다음 중국을 노리고 있었습니다. 그 기세로 소련을 공격하는 것을 사전에 방지해야 할 필요성이 있었습니다. 소련은 이미 1차 세계대전으로 유럽지역에 온 힘을 쏟고 있었기에 중국이 뚫리면 안 되는 것이었죠. 공산당이 이기면 최선이지만 국민당이 이길 경우도 고려했던 것입니다.

1945년 중일전쟁, 2차 세계대전이 종전되자마자 국민당은 공산당을 향해 총을 겨누었습니다. 공산당보다 군사력이 훨씬 우세했던 국민당이었기에 공산당을 중국에서 영원히 사라지게 하는 것은 시간문제였습니다. 그런데 이때는 반대로 미국이 중국 공산당 편을 들어주었습니다.

그 당시 미국은 중국 내전이 다시 발발하지 않는 것이 아주 중요하다고 생각했습니다. 2차 세계대전 직후 연합국이었던 소련과 갑자기 갈등이 생기면서 중국에 어떤 변수가 생기지 않기를 바랐던 것이죠. 조금만 밀어붙이면 공산당을 완전히 쫓아낼 수 있었는데 국민당은 결국 미국말을 들어야 했습니다. 미국 국무장관 마셜이 국민당에 대한 원조를 끊는다고 하니 어쩔 수 없었던 것이죠.

이때 시간을 번 공산당은 1947년까지 전열을 완전히 재정비하였습니다. 소련은 만주에 있던 일본군이 도망치면서 놔두고 간 탱크, 기관포, 소총 같은 무기를 공산당에 전달했습니다. 시간이 가면 갈수록 몰라보게 힘을 키우던 공산당과 달리 국민당은 부패와 자만으로 조금씩 무너져 갔습니다. 결국 1949년 12월 국공내전은 공산당의 승리로 끝이 났습니다.

현대 중국과 대만의 탄생

그런데 그 끝이 조금 애매한 것이 공산당의 완전한 승리라고 하기에는 2%가 부족하였습니다. 중국 본토 동남쪽에 있는 섬 하나를 끝내 점령하지 못했거든요. 마지막 남은 국민당 세력들이 배수의 진을 치고 섬에서 버티고 있었고 그 당시 결과가 지금의 대만입니다.

공산당은 이후 여러 번 대만을 공격했지만 점령하지 못했습니다. 결국 1958년 이후부터 공격을 포기함으로써 현재의 중국·대만 관계가 확정되었습니다. 공산당은 작은 섬 하나에 얽매이는 것보다 폐허가 된 중국 본토를 복구하는 데 집중하는 것이 낫겠다고 생각했던 것이죠.

게다가 울창한 밀림만 가득 차 있는 섬에 원주민들과 몇 년 다투다 제풀에 죽어 자기 발로 항복하고 나오겠지라는 예상도 있었고요. 그런데 국민당은 끈질기게 버티다 급기야 지금과 같은 선진국 대만을 만들었습니다.

대만은 엄밀히 말하면 우리나라나 일본의 동북아시아가 아닌 동남아시아에 있다고 하는 것이 맞습니다. 지도상으로도 그렇지만 기후 자체가 태국, 필리핀과 비슷합니다. 2004년 3월 대만에 갔을 때 한국과 너무나 다른 초여름 날씨를 접하고 여긴 동남아라는 확신을 가졌던 기억이 나네요.

결국 중국은 작은 섬 하나를 빼고 공산당이 지배하는 국가가 되었습니다. 공산당 지도자들은 자신들이 오랜 기간 역경을 이겨내 새로운 시대를 만든 것에 큰 자부심을 느꼈습니다. 그런데 얼마 안 지나 예상하지 못한 일이 벌어졌습니다.

중국을 대표하는 자, 섬이냐? 대륙이냐?

미국을 비롯한 국제사회가 중국의 대표성은 과거나 현재나 중화민국에 있다고 천명했기 때문입니다. 즉 청나라 이후 국민당의 중화민국이 중국을 대표하는 것은 변화가 없다는 것이었습니다. 유엔 회원국으로서 중국이라는 나라는 섬에 들어가 있는 대만을 의미한다는 것이었습니다. 고로 가장 중요한 유엔 안전보장이사회 상임이사국의 권한도 대만이 갖고 있다는 것이었죠.

이를 두고 중국 공산당은 난리가 났습니다. 중국만이 아니라 공산주의 국가들 모두 말이 안 된다고 하였습니다. 사실 공산당이 아닌 제가 보기에도 미국이 억지를 부린 것이죠. 소련은 한발 더 나아가 1950년 1월부터 유엔의 모든 회의에서 거부권을 행사하며 유엔 일정에 참가하지 않았습니다. 후일담이지만 한국전쟁 때 유엔군 파병이 가능했던 이유는 결과적으로 소련의 이러한 행동 덕분이었습니다.

중국 대표성을 대만이 갖는 것에 대한 반대는 그 이후에도 계속되었습니다. 그러나 미국의 주도로 만들어진 유엔에서 어떻게 손쓸 도리가 없었습니다. 그러다 결국 1971년이 되어서야 이 권한은 대만에서 중국 공산당으로 넘어갔습니다.

서방세계가 거대한 인구와 땅을 보유하고 있는 중국을 계속 무시하기 어려운 현실적인 어려움이 있었습니다. 그리고 그 시기 중국이

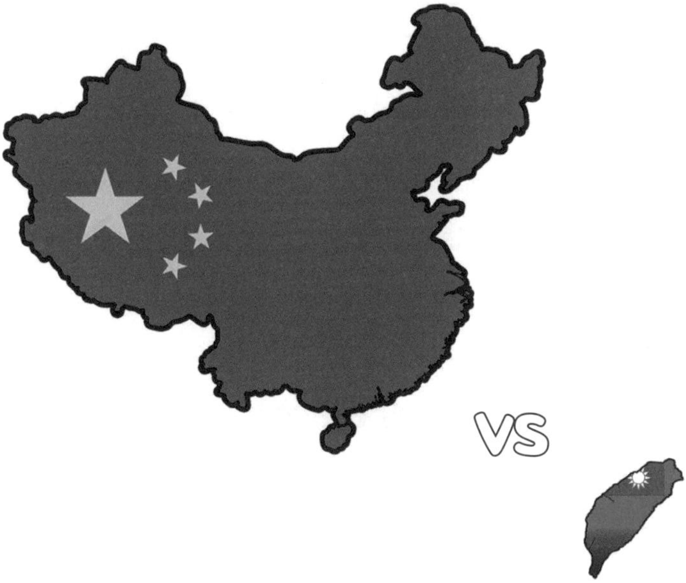

양안관계의 갈등을 안고 있는 중국과 대만

'핑퐁외교'를 통해 미국과 가까워지고 있는 것에 반해 '중소분쟁'으로 소련과 멀어진 것도 이유가 되었습니다.

중국 공산당과 처지가 바뀐 대만은 유엔에 항의하였습니다. 대만은 안전보장이사회 상임이사국의 권한이 사라지면 유엔 회원국에서도 사퇴할 거라고 으름장을 놓았는데 국제사회는 역시 냉정했습니다. 그리고 결국 대만은 유엔에서 탈퇴하게 됩니다.

그때부터 현재까지 대만은 지구상 몇 안 되는 유엔 비회원국입니다. 여기서 멈추지 않고 중국은 자신들과 수교한 나라, 가입한 국제기구에 대만을 배제시키는 '하나의 중국' 정책을 강력하게 실행해서 현재까지 오고 있습니다.

예를 들어 우리나라는 1992년 중국과 수교하기 전까지 대만을 '자유중국'이라 불렀고, 중국을 '중공(중화인민공화국)'이라고 불렀습니다. 그런데 중국과 수교를 하는 순간 동시에 그렇게 친했던 대만과 단교를 한 것만 보더라도 '하나의 중국' 정책의 단면을 잘 알 수 있습니다.

남북관계와 차이 나는 양안관계

중국과 대만 관계를 양안관계라고 합니다. 중국 본토와 대만 섬 사이에 해협이 있고 이를 기준으로 양쪽이 마주 보고 있다고 해서 붙인 이름입니다. 바다에 있는 국경선과 같은 것이죠.

흔히 양안관계를 남북관계와 비슷하다고 보는 사람이 있습니다. 비슷한 시기에 같은 민족끼리 이념 전쟁을 해서 분단되었으니 그렇게 생각하는 것도 무리가 아니죠. 그런데 양안관계는 남북관계보다 더 빨리, 그리고 더 깊이 가까워졌습니다.

1979년 중국이 3통(무역, 우편, 여행)을 대만에 제안했고 조금 미적대다가 1987년 대만의 계엄령이 해제되면서 대만인의 중국 방문 금지는 완전히 해제되었습니다. 그전에는 이산가족 상봉이나 비정치적 상호 교류는 가능했었고요.

이에 반해 남북은 이산가족 상봉 횟수와 범위에 제한이 많았고,

남북관계가 좋았을 때도 자유로운 상호 방문이 안 되었다는 점에서 양안관계에 비해 부족했습니다. 한족(漢族)보다 한민족(韓民族)의 피가 더 차가운 것일까요?

1987년 이후 특별한 경우 아니면 중국과 대만은 일반인도 상호 방문이 가능하고 일시적으로 체류하거나 조건만 맞으면 영구체류도 가능하게 되었습니다. 북한 주민이 남한에 여행을 오거나 아예 눌러앉아 사는 것과 같은 것인데, 탈북이라는 극단적인 방법을 사용하면 모를까 우리로서는 아직 상상할 수 없는 모습입니다.

이런 양안관계이다 보니 중국과 대만의 자연스러운 통일에 대한 논의도 거부감이 크지 않았습니다. 물론 당장 통일하자는 중국의 입장과 중국이 민주화가 되었다는 전제가 있어야 가능하다는 대만의 입장이 차이가 있긴 합니다. 하지만 통일 자체를 반대하는 중국, 대만 사람은 거의 없었다는 점에서 언젠가는 되겠지라는 막연한 희망이 있었는데, 몇 가지 사건으로 대만 사람들의 생각이 확 바뀌었습니다.

그것은 1989년 '천안문 사태'를 진압하는 중국 정부의 폭력성 때문입니다. 그리고 이후 홍콩 반환과 민주화 시위가 결정적이었지요. 현재 대만의 제도를 인정하는 방식(일국양제)으로 통일이 된다 해도 얼마든지 홍콩 시민처럼 자유와 인권을 뺏길 수 있다는 것을 대만 사람들이 깨달았던 것입니다.

특히 중국의 과거 지도자와 달리 2013년 집권한 시진핑의 1인 독재가 심해지고 있어 중국과 통일하는 것은 제2의 홍콩, 아니 홍콩보다 더 심한 나락으로 떨어질 수 있다고 생각하는 거죠. 이를 반증하듯이 2000년에 대만 역사상 최초로 정권교체가 되었습니다.

그 전까지는 상대적으로 친중이면서 중국과 통일을 찬성하는 국민당이 장기 집권을 했었는데, 처음으로 중국과 통일을 반대하는 민주진보당으로 바뀌었던 것이죠. 그 후 국민당으로 한번 다시 갔다가 현재 민주진보당이 집권하고 있습니다. 중국이 더 골치 아픈 것은 첫 정권교체를 했던 민주진보당보다 현재 민주진보당 지도자들의 반중 의식이 더 강해지고 있고 끝날 기미가 보이지 않는 것이죠.

중국과 대만의 비교

대만은 1990년대 들어 급격한 성장을 하였습니다. 그래서 서구언론에서는 한국, 홍콩, 싱가포르와 함께 대만을 떠오르는 아시아의 네 마리 용이라고 부르기도 하였습니다. 반면에 중국은 그 당시 본격적인 경제성장을 하기 전이었습니다. 그래서 1990년대에는 중국과 대만의 국가 경제 차이가 지금보다 크지 않았습니다. GDP 기준으로 중국이 100이라고 하면 대만은 42 정도였으니 절반에 약간 못 미쳤던 것이죠.

그런데 그 이후 중국은 폭발적인 성장을 한 것에 반해 대만은 성장 속도가 떨어져 현재는 중국이 100이라고 하면 대만은 4 정도로 엄청난 차이가 납니다. 그나마 1인당 GDP는 대만이 앞서는데 중국보다 약 두 배 정도 큽니다. 가장 차이가 났던 1990년만 하더라도 대만 사람이 중국 사람보다 23배 더 잘살았는데 현재 두 배라면 정말 많이 좁혀졌습니다.

땅은 중국이 대만보다 260배 크고 인구는 61배 많습니다. 군사력은 중국이 세계 3위, 대만은 21위로 병력 숫자만 보더라도 중국이 10배 더 많습니다. 반도체를 비롯한 첨단산업이 발달한 대만이라 하더라도 중국과 대만의 국력을 비교하면 확연한 차이가 납니다.

21세기 들어와 중국은 대만과 비교는 의미가 없어졌고, 세계 유일 초강대국 미국과 경쟁하고 있습니다. 어린아이가 갑자기 크면 입던 옷이 맞지 않는 것처럼, 21세기 들어 중국은 아시아 무대가 너무 좁게 되었습니다.

대만 침공의 가능성이 커지다

1949년 국민당은 대륙에서 섬으로 쫓겨난 이후 하루도 편한 날이 없었습니다. 대륙을 차지한 공산당이 언제 처들어올지 몰랐으니까요. 공산당은 몇 번 포격을 통해 대만 침공의 간을 보았습니다. 결국 얻는 것보다는 잃을 것이 많다는 결론을 내렸고, 대륙 내부의 일과 국제사회에 쌓인 현안을 처리하는 것에 집중하였습니다.

중국과 대만은 수십 년 동안 이렇게 데면데면 지냈습니다. 통일하는 데 상호 거부감이 없었기에 대만은 중국에 그저 작은 걸림돌일 뿐이었습니다. 그러다 아까 언급했던 문제가 생겼습니다. 중국이 커져서 바다로 진출해야 하는 시기에 대만이 변한 것입니다.

중국과 통일하기보다는 독립이 낫다는 생각이 커진 것이죠. 게다가 대만은 중국의 압도적인 힘에 언제든 밀릴 수 있다는 두려움에 미국을 조금씩 끌어들이고 있으니 눈엣가시입니다. 대만만 그러면 그나마 무시하겠지만 미국까지 나서니 중국은 부쩍 예민해졌습니다.

중국은 이런 대만을 그대로 놔둘 수 없습니다. 중국이 미국과 대등한 국가가 되려면 대만은 중국 영향력 안에 있어야 합니다. 만약 그렇게 안 된다면 대만을 침공해서 무력으로라도 통일하는 방법밖에 없다고 생각합니다.

물론 중국이 전 세계를 상대로 등질 수 있는 대만 침공의 가능성은 아직 작습니다. 다만 전쟁은 항상 예상하지 않을 때 일어나기 마련입니다. 특히 중국은 현 시진핑 주석의 1인 지배체제가 강화되어 얼마든지 독단적인 결정을 내릴 수 있는 상태에 있습니다.

현재 중국의 대만 침공 가능성은 양안관계 역사상 최고조로 커지고 있습니다. 중국은 1단계 대량의 미사일로 대만 군사요충지를 파괴하고, 2단계 사이버 공격으로 방어 교란을 하고, 3단계 대만 주변을 해상에서 포위하고, 4단계 대만에 상륙하는 시나리오를 계속 점검하고 있습니다.

관건은 미국의 개입을 막으면서 이 모든 단계를 속전속결로 끝낼 수 있는가입니다. 이에 대한 확신이 선다면 중국은 희생을 감수하고 대만 침공을 단행할 것입니다. 그날이 오면 제2차 국공내전이 아닌 3차 세계대전으로 확전될 수 있기에 양안관계는 지구촌의 고민이 되고 있습니다.

8

한국과 일본, 멀고도 먼 나라

한국과 일본, 멀고도 먼 나라

세계 어느 곳보다 일본은 한국인이 느끼기에 가장 편한 나라라고 합니다. 물론 사는 것은 좀 얘기가 다르겠지만, 관광지로는 최고이죠. 이미 통계는 그렇게 나오고 있습니다. 2015년까지는 중국을 가장 많이 방문하였는데, 그 이후 역전되었습니다. 코로나19 팬데믹이라는 특별한 기간을 제외하고 한국인이 가장 많이 방문한 나라는 단연 일본입니다.

경제적 여유가 생겨서 조금 비싸더라도 몸 마음 편한 곳에 가고 싶은 것은 인지상정이죠. 이건 한국만이 아닙니다. 일본인도 한국에 여행을 많이 옵니다. 절대적인 수는 중국인이 가장 많지만, 인구 대비 관광객 수를 볼 때 일본이 1위입니다.

코로나19 확산으로 해외여행 제한이 2년 이상 지속되었지만, 한국인의 일본 여행 추세는 바뀌지 않았습니다. 2022년 10월 일본은 2년7개월 만에 해외 여행객들에게 빗장을 풀었는데, 역시나 일본을 가장 많이 찾아가는 사람은 한국인이라고 합니다. 일본인의 한국 여행도 마찬가지입니다. 지난 6월 한국 여행을 하기 위해 비자를 받으려고 오랫동안 줄 서 있는 일본인에 대한 언론보도가 크게 나올 정도였습니다.

이렇게 왕래를 가장 자주 하는 일본을 두고 우리는 왜 '가깝고도 먼 나라'라고 할까요? 일본도 한국과 비슷하고요. 그렇다고 한국인에게 일본에 대한 정서는 하루아침에 생긴 것은 아닐 것입니다. 제가 어렸을 때 부모님이 사용하는 '벤또', '다마네기' 같은 일본어는 일상생활이었습니다. 일본어가 적혀 있는 필기구는 무조건 고급스럽고 그냥 글씨가 잘 써졌습니다. 그만큼 한국인에게 일본은 친숙했고 동경의 대상이었습니다.

반대로 축구든 야구든 '한일전'은 무조건 이겨야 했습니다. 심지어 북한에게는 지더라도 일본에게는 질 수 없다고 말하는 사람이 있을 정도였습니다. 동경하면서 미워하는 두 가지 감정, 애증을 사람만이 아니라 국가에도 적용할 수 있다는 것이 참 신기했습니다.

애증의 한일관계는 시간이 지날수록 조금씩 가까워졌습니다. 88서울올림픽 이후, 제가 대학생이었던 1990년대 후반에는 확실히 거리가 좁혀지고 있다는 것을 느꼈습니다. 중학생 때만 하더라도 일본 문화 개방에 대한 한국 내 부정적인 기류가 컸었는데 일본 만화, 영화, 소설, 음악 등 쉽게 접할 수 있었습니다.

2002년 한국과 일본의 월드컵 공동 개최는 그만큼 한일관계가 돈독했기 때문에 가능했던 순간이었고, 그 후에도 영원히 변치 않을 것으로 보였습니다.

그런데 현재는 '가까움'보다는 '먼'이 더 느껴지는 한일관계입니다. 2년9개월 넘게 한일정상회담이 없다가 지난 9월 미국에서 약식으로 만난 한일 정상의 모습은 한일관계가 여전히 넘어야 할 산이 많다는 것을 느끼게 하였습니다.

한일관계를 멀어지게 했던 과거의 한일 정상은 퇴임했고 양국 모두 윤석열 대통령과 기시다 후미오 총리로 바뀌었지만 냉랭한 분위기에 약간의 훈풍만 불었습니다. 한일정상회담을 위해 만난 것이 아니라 유엔 회의차 미국에 체류하는 가운데 잠시 짬을 내 만나는 거였으니 큰 기대는 하지 않았지만 그래도 실망할 수밖에 없었습니다.

'새 술은 새 부대에 담아라'라는 격언처럼 새롭게 출발하는 양국 정상이 최소한 덕담이나 밝은 미소로 양국 국민에 새로운 희망을 줄 수 있지 않았을까 하는 아쉬움이 생겼습니다. 한국과 일본은 정치적으로 계속 머나먼 나라인 것이 양국에 얼마나 도움이 될까 하는 생각도 들었고요. 지난 11월 캄보디아에서 열린 한일정상회담은 미국에서의 첫 만남보다 조금 더 나은 진척이 있었지만, 여전히 뾰족한 수가 없는 상황이었습니다.

2019년 저는 일본 나고야에 가서 '한일평화 프리허그(Free Hug)' 프

한일평화 프리허그

2019년 한국과 일본 세계평화청년학생연합(YSP)이 공동으로 주최하여 대학생 120명이 일본 시민사회와 연대하여 한일평화를 외쳤다. 한일평화 프리허그 캠페인은 나고야역을 시작으로 도쿄 야스쿠니신사 앞에서도 진행되었다. 이 캠페인으로 한국과 일본 사이에 역사·정치·문화 등 다양한 사연들이 얽혀 있지만 민간과 청년들의 교류로 양국가의 인식을 바꾸고 한일관계를 회복할 수 있다는 확신을 보여주었다.

로젝트를 진행한 적이 있습니다. 한국 광화문, 신촌 일대에서 한국인에게 했던 것과 같은 방식으로 일본인에게 '한일평화'를 원하면 '안아 달라'고 하였고, 대부분 한국인과 일본인은 공감하였습니다.

양국의 여러 사람과 대화하다 보면, 현재의 한일관계는 양국 국민이 원하는 것이 아님을 알 수 있습니다. 한국과 일본 국민은 가깝고도 가까운 나라를 원하는데, 한국과 일본 정부는 왜 멀고도 먼 나라를 향해 가는지 알다가도 모를 일입니다. 도대체 왜 이런 상황이 벌어졌는지, 그리고 어떻게 하면 바꿀 수 있는지 한일관계의 올바른 길을 찾아야겠습니다.

일제강점기 40년, 그리고 한국의 고민

한일 갈등의 근본적인 원인은 1905년 을사늑약으로 일본제국이 대한제국의 외교권을 박탈하였고, 1910년 한일 병합조약으로 대한제국을 뺏은 것에 있습니다. 그 후 1945년 일본제국의 패망으로 다시 나라를 찾게 되기까지 40년 동안 나라 잃은 한민족의 설움은 큰 상처가 되었습니다.

이 상처는 단순한 감정의 문제가 아니었습니다. 한반도는 지배와 피지배, 1등 국민과 2등 국민으로 분리되었고, 전자는 일본인이고 후자는 한국인이었습니다. 일상생활에서 한국인들은 자신이 살던 곳에서조차 지배를 받았고 차별을 받았습니다.

문제는 그 지배와 차별이 의식주에만 국한된 것이 아니라 생존까지 관통했다는 것입니다. 수많은 한국인이 위안부, 강제이주, 강제징용, 강제징집을 당해 죽거나 다치고, 몸이 성한 경우에도 오랜 시간 후유증을 앓았습니다.

한국은 광복 후 5년이 채 지나지 않아 6·25전쟁을 겪었습니다. 그 결과 남북한으로 분단이 되어 허리가 잘렸습니다. 전쟁의 화마가 할퀴고 간 국토에는 남아 있는 것이 없었고, 제로(0)에서 다시 시작해야 했습니다.

이에 반해 2차 세계대전 전범국이었던 일본제국은 패망한 뒤 민주주의 국가인 일본으로 탈바꿈하여 압도적인 경제성장을 하였습니다.

한국은 그 당시 절대적인 빈곤을 빠져나오는 데 미국을 비롯한 서방의 도움을 받았습니다. 그런데 언제까지 손을 벌릴 수 있는 상황이 아니었습니다. 6·25전쟁 직후 대량으로 들어왔던 해외 원조가 해를 거듭할수록 눈에 띄게 줄어들었기 때문입니다.

한국은 식량과 바꿀 자원도 없고 농사를 지을 평지도 적은 나라입니다. 공장을 지어 상품을 생산하여 수출해서 번 돈으로 식량을 들여오는 수밖에 없습니다. 그런데 그 당시 한국은 식량만이 아니라 공장을 지을 돈과 기술도 없었습니다.

결국 한국은 공장을 지을 수 있는 돈과 기술이 있는 나라, 그리고 지은 공장에 문제가 생기면 바로 방문해 해결해 줄 수 있고 생산된 상품을 수입해 줄 수 있는 나라를 찾게 되었습니다. 한국에 가장 필요한 도움을 줄 수 있는 그 나라가 딱 하나 있었죠. 바로 아시아에서 유일하게 선진국 문턱에 다가가고 있던 일본이었습니다.

배상이냐, 경제협력이냐

한국 정치 지도자들은 심각한 고민을 했습니다. 일본의 도움을 받자니 국민 정서가 절대 용납이 안 되었으니까요. 어쩌면 현재 한일 갈등은 그때와 비교해 보면 양반입니다. 그 당시 국민 대부분은 일제강점기 핍박을 직접 경험했던 당사자였으니 일본에 대한 감정은 극도로 적대적이었습니다.

게다가 일제강점기가 없었으면 한반도는 분단되지 않았고 6·25 전쟁의 피해도 없었을 테니 일본은 한국의 철천지원수라는 생각을 많이 했었습니다.

그렇다고 한국은 전후 복구와 경제개발에 장기간 손을 놓을 수 없는 상황이었습니다. 게다가 1960년대 들어와 미국은 한일관계에 본격적으로 개입하였습니다. 소련, 중국, 북한에 대항할 반공 전선이 되어야 할 한국과 일본이 빨리 수교를 해야 한다고 압력을 넣었던 것입니다.

결국 1965년 박정희 대통령 때 한국과 일본은 수교하였습니다. 이때 한국의 야당과 학생, 시민 등의 반대 시위가 연일 끊이지 않았습니다.

한일수교의 핵심은 '한일청구권협정'이었습니다. 정식 명칭은 '대한민국과 일본국 간의 재산 및 청구권에 관한 문제의 해결과 경제협력에 관한 협정'이었는데, 5년이 넘는 긴 기간 협상을 했던 이유가 그만큼 견해차가 컸기 때문입니다.

겉으로는 일본이 한국에 얼마의 돈을 보내야 하느냐로 다투는 것으로 보였지만, 돈을 보내는 명분에서 치열하게 부딪쳤습니다.

한국은 일본의 식민지배가 불법·부당했기에 일본이 배상하는 것

'한일청구권협정'에 대한 한국과 일본의 견해 차이

이라고 했고, 일본은 잘못한 적 없으니 배상이 아니고 경제협력을 위해 지원하는 것이라고 했습니다. 과거 일본이 한국을 식민지로 만들기 위해 체결했던 조약들은 1948년 한국 정부 수립으로 자동무효가 되었으니 사과 없이 새롭게 조약을 맺는 것으로 생각했습니다.

청구권 협정에 "일본은 한국에 대해 조선에 투자한 자본과 일본인의 개별 재산 모두를 포기하고, 3억 달러의 무상 자금과 2억 달러의 차관을 지원하고, 한국은 대일 청구권을 포기하는 것"이라고 적혀 있는 것만 보더라도 배상에 대한 표현이 없는 것을 알 수 있습니다.

결국 과거에 대한 한일 간 생각은 좁혀지지 않았고 5억 달러에 대해서 한국은 일본이 배상한 것, 일본은 한국과 경제협력을 위한 것으로 각자 자기 편의대로 인식하고 협정을 체결하였습니다.

40년 만에 알려진 비밀, 그리고 반전

그런데 협정이 체결된 지 40년 후인 2005년 큰 문제가 발생하였습니다. 40년간 비공개였던 한일협정 문서들이 시효가 지나 일제강점기 피해자들의 요구로 일반에 공개된 것입니다. 이때 대다수 한국인은 한일수교 당시 한국 정부가 일본의 사과와 함께 반성으로 5억 달러를 제공한 것이 아니었다는 충격적인 사실을 접하게 되었습니다.

물론 그전에도 한일수교는 제대로 된 사과를 받지 못하고 돈만 받은 굴욕적인 회담이었다고 얘기하는 사람이 있었지만, 한일협정 문서 확인 전까지는 설마 그럴 거라고 믿은 사람은 거의 없었습니다.

사실 한일수교 당시 한국인 대다수가 반대하며 시위를 했던 이유는 일본이 사과와 반성을 안 해서가 아니었습니다. 사과와 반성은 당연하고, 다만 광복 후 20년도 채 지나지 않은 시점에 수교하는 것은 너무 이르다는 것이었지요.

그 당시 군사독재 정부는 협상에 임하는 일본의 입장이 곧이곧대로 알려지면 한일수교의 후유증이 너무 클 것임을 알았습니다. 그래서 국민의 눈과 귀를 가리고 일본이 사죄해서 수교하는 거라 얘기하고 모든 과정은 비밀에 부쳤던 것입니다.

한일관계의 첫 단추가 이렇게 잘못 끼워졌기에 수교 후 한국과 일본은 크고 작은 갈등과 마찰이 끊이지 않았습니다. 한국은 일본이 사과할 땐 언제고 과거를 너무 쉽게 망각한다고 타박을 했고, 일본은 한국이 만날 때마다 사과하라는데 도대체 언제까지 과거에 집착할 거냐며 혀를 내둘렀습니다.

그런데 한일협정 문서 공개는 군사독재 정부에 대한 비판만이 아니라 예상하지 못한 방향으로 튀었습니다. 위안부, 강제이주, 강제징용, 강제징집을 당했던 일제강점기 피해자들이 일본 정부와 일본 기업을 상대로 손해배상금 청구 소송을 한 것입니다.

사실 일부 일제강점기 피해자들은 이미 1997년 일본 법원에 일본제철을 상대로 손해배상 소송을 제기한 적이 있습니다. 1941년부터 1943년까지 일본제철의 일본 공장에 강제 동원돼 고된 노역을 하다 임금을 받지 못하고 한국으로 귀국했는데 밀린 임금을 지금이라도 지급하라는 소송이었습니다.

결과는 법적 다툼을 할 필요도 없다는 기각 판결을 받고 끝이 났었는데 한일협정 문서들이 공개되자 반전이 일어났습니다. 일본이 한국에 제공한 5억 달러가 배상이 아니라 경제협력기금이었다는 것은 아직 배상을 안 한 것을 의미하니 피해자들의 승소 가능성이 커졌다고 본 것입니다.

그래서 피해자들은 이번에는 일본이 아닌 한국 법원에 소송을 제기하였습니다. 그러나 한국 법원도 일본 법원과 마찬가지로 2005년 1심, 2009년 2심에서 원고 패소 판결을 하였습니다. 피해자들은 마지막 실낱같은 희망을 품고 대법원에 상고하였는데, 기적처럼 2013년 대법원 파기환송, 2018년 대법원 전원합의체에서 확정판결을 받아 승소하게 되었습니다.

역대급으로 멀어진 한일관계

민주주의 국가는 삼권분립이 기본이기에 사법부의 판결을 행정부가 집행합니다. 일제강점기 피해자들에게 손해배상을 하라는 한국 대법원의 판결이 나자마자 한국 정부는 신속히 실행하였습니다. 하지만 일본 정부는 생각이 달랐습니다. 한국 정부가 외교적, 정치적으로 손해배상 문제를 해결할 수 있는데 곧이곧대로 진행하는 것에 상당한 불만이 생긴 것이죠.

일본 정부와 일본제철은 손해배상에 응하지 않았고, 한국 정부는 시한이 지나자 신일본제철의 한국 내 자산 동결 및 압류 절차에 들어갔습니다. 설마 이렇게까지 할 거라 몰랐던 일본 정부는 이에 대한 보복으로 2019년 한국에 수출 규제 조치를 시행하였습니다.

먼저 한국의 반도체 생산에 필요한 소재 중 일본에 90% 이상 의존하고 있는 '플루오린 폴리이미드(반도체 생산 핵심 소재인 고순도 불화수소)', '리지스트(반도체 공정에서 빛을 인식하는 감광재)', '에칭가스(반도체 회로에서 빛을 쏘지 않는 부분을 깎아낼 때 사용되는 소재)'를 사실상 수출 금지했습니다. 뒤이어 일본에서 한국에 수출할 때 받는 통관절차를 복잡하게 만들었습니다. 한국은 일본과 무역한 이래 한 번도 흑자를 낸 적이 없을 정도로 일본 제품에 상당히 의존하는 국가인 만큼 수출 규제 초기에 한국은 큰 혼란을 겪었습니다.

이에 가만히 있을 한국이 아니었죠. 한국 정부는 북한 핵과 미사일 정보 공유를 위해 맺은 '한일 군사정보보호협정(지소미아) 종료'를 일본 정부에 통보하였습니다. 일본이 한국에 수출규제를 할 때 '국제 평화와 안전 유지를 위해서'라고 한 것을 근거로 안전을 위협하는 국가와 무슨 군사협정이냐라며 끝내버리자고 한 것이죠.

이렇게 하루가 멀다고 벌어진 한국과 일본의 진흙탕 싸움은 기존 한일관계에서는 아주 이례적이었습니다. 한일관계가 좋았던 적은 많지 않았지만 이렇게까지 치고받은 적은 드물었기 때문입니다.

혹자는 한국 대법원의 2018년 판결이 '가깝고도 먼' 한일관계를 '멀고도 먼' 관계로 만들었다고 생각할 수 있지만, 꼭 그렇지는 않습니다. 이것은 어디까지나 미래를 위해 과거를 접고 들어갔던 1965년 한일협정 체제가 운명을 다했음을 의미합니다. 새 술은 새 부대에 담으라는 말을 한일관계에서 적용해야 할 때가 온 것이지요.

한일협정의 공과와 일본의 사과

새로운 한일관계를 논의하려면 먼저 1965년 한일협정의 공과를 돌아봐야 합니다. 한일관계의 첫 단추를 잘못 끼운 협정이라고 하지만, 다시 그때로 돌아간다고 할 때 이보다 더 나은 협상을 할 수 있을지 저는 궁금합니다.

그만큼 한일협정으로 얻은 한국의 이익이 컸다는 것이죠. 무엇보다 일본으로부터 온 5억 달러는 '한강의 기적'이라고 불리는 경제성장의 마중물 역할을 톡톡히 했습니다. 돈도 돈이지만 일본 기업과 협력해서 얻은 기술은 현재 한국 기업 경쟁력의 모태가 되었습니다.

그리고 북한의 위협에 대응하는 데도 큰 역할을 하였습니다. 북한은 6·25전쟁 후 여전히 소련, 중국의 힘을 얻어 다시 전쟁을 일으키려고 많은 준비를 하였습니다. 이를 막기 위한 미국의 노력이 '한미동맹'만으로는 충분하지 않은 상황에서 한일수교는 '한미일 삼각동맹'을 가능하게 했던 아주 중요한 사건이었습니다.

참고로 미군이 해외에 가장 많이 주둔하고 있는 지역은 일본입니다. 미국은 중국과 북한을 대비하기 위해 한국만이 아니라 일본도 지정학적으로 아주 중요하다고 생각하고 있습니다. 그렇기에 '한일지소미아' 종료 공방에 가장 걱정했던 나라가 바로 미국이었습니다. 과거나 현재나 '한미일 삼각동맹'은 미국이 주도하는 한반도 평화에 절대적으로 중요했다는 것을 의미합니다.

'한·일 관계에 대한 공동선언'을 하고 있는 김대중 대통령과 오부치 게이조 일본 총리(1998.10.8, 일본 도쿄) ⓒ연합뉴스

그렇다고 한일협정이 한국에만 좋았던 것은 아니었습니다. 한국에 돈과 기술을 전수하면서 일본도 상당한 경제적 이익을 얻었습니다. 또한 한일협정에 명문화된 것은 아니었지만, 일본 정부가 식민지 지배에 대한 사과와 책임을 모르쇠로 일관한 것도 아니었습니다.

한 예로, 한일협정을 위한 협상 과정에서 일본 정부는 일제강점기 한국인 피해자들에 대해 직접 개별 보상을 하려고 했습니다. 그런데 이것을 한국 정부가 막았습니다. 보상금 전액을 한국 정부에 주면 한국 정부가 직접 피해자들에게 나눠 주겠다고 했던 것이죠. 물론 한국 정부는 극히 일부 피해자들에게만 나눠 주었고, 대부분 보상금은 경제개발 등 다른 곳에 사용했습니다. 그리고 40년간 이를 숨기다 발각되었고요.

그리고 한일청구권협정에는 명기되지 않았지만, 그 후 일본 지도자들은 여러 차례 식민지 지배에 대해 사과를 했었습니다. 1983년 나카소네 야스히로 총리는 일본 총리로는 처음으로 한국을 방문하였고, 공식 만찬에서 '과거에 대한 반성'을 한다며 사과하였습니다. 이에 대한 답방으로 1984년 전두환 대통령이 한국 대통령으로는 처음으로 일본을 방문하였는데 그때도 히로히토 천황의 사과가 있었습니다.

사과의 모범답안으로 회자되는, 1998년 오부치 게이조 총리는 "식민지배로 한국민에게 다대한 손해와 고통을 안겨준 역사적 사실을 겸허히 받아들이면서 통절한 반성과 마음으로부터의 사죄"를 한다고 하였습니다.

물론 이런 사과가 충분했는지는 한국과 일본의 생각이 다를 것입니다. 게다가 한일협정을 맺을 때 사과를 했었으면 어땠을까? 비슷한 처지였던 독일처럼 진정성을 담은 자세로 임했으면 어땠을까? 등등 아쉬움이 남습니다.

결국 한일협정은 다양한 평가가 내려질 수 있지만, 과거에 대한 매듭을 짓지 못한 미봉책이었으면서도 한국의 경제성장을 일으켰다는 공과를 갖고 있습니다. 그 시대로 다시 돌아간다고 하더라도 최선의 선택이 아니었을까 생각합니다.

너무 커버린 한국, 변할 수밖에 없는 한일관계

'한국은 떠오르고 일본은 침몰한다'라는 얘기가 요즘 많이 나옵니다. 예전엔 몇몇 한국인들의 입에서 나오던 얘기인데, 최근에는 일본 지식인들의 입에서도 나옵니다. 가난한 한국이 경제성장을 하더라도 언제나 일본 아래라고 생각했는데 상황이 변한 것입니다.

일본은 한국보다 국토가 3배 이상 크고 인구도 2배 이상 많습니다. 한 국가의 경제력을 나타내는 GDP(국내총생산)도 일본이 한국의 4배입니다. 그래도 인구대로 나눈 1인당 GDP 차이는 일본은 4만 달러, 한국은 3만5,000달러로 크게 줄었습니다. 1990년에는 일본의 1인당 GDP가 한국의 4배였는데 이렇게 줄어든 것입니다.

심지어 1인당 구매력평가지수(PPP)는 2017년부터 한국이 일본을 앞서고 있습니다. 제가 대학을 졸업하기 전 2000년대 초반까지만 하더라도 방학 때 일본에 가서 아르바이트하는 한국 대학생이 아주 많았습니다. 한국은 시급 3,000원, 일본은 1만 원이라 교통비, 체류비를 제외하고도 3배 정도 더 벌어들였으니까요.

그런데 30년이 지나 한국은 시급 1만 원, 일본은 그대로 1만 원으로 같아졌습니다. 30년 동안 한국 경제는 성장했고 일본은 멈춘 것이죠. 국가 전체로는 여전히 일본이 더 부자이지만 국민 개개인으로 보면 한국이 더 부자가 된 것입니다.

일본은 한국을 항상 아래로 보고 있었는데, 어느새 동등한 경쟁자

로서 위협감을 느끼고 있습니다. 게다가 경제에서 촉발된 한국과 일본의 경쟁은 과학, 기술을 넘어 문화까지 전 방향으로 확대되고 있습니다.

특히 젊은이들에게 영향을 주는 음악, 영화에서 한국은 일본을 압도하는 중입니다. 1990년대까지 저 같은 한국 젊은이들이 일본 문화에 젖어 있었다면, 현재는 세계 젊은이들이 한국 문화에 젖어 있습니다. 일본 젊은이들도 마찬가지고요.

한국의 K-POP 음악과 영화가 세계적인 무대와 시상식을 휩쓸고 있고, 여행·음식·패션·한글·태권도 등 한류가 확산하고 있습니다. 아시아의 유일한 선진국이었던 일본이 꿈꿨던 세계 속의 일본은 요원한데 이미 세계 속의 한국이 도래했으니 일본 기성세대들의 박탈감이 큽니다. 그런데 일본 젊은이들은 눈치 없이 불난 집에 부채질하는 격으로 한류를 동경하고 있으니 더 황당한 심정이겠지요. 코로나19 이후 가장 먼저 여행하고 싶은 나라로 한국을 꼽고 있는 것도 이제 새삼스럽지 않습니다.

이렇게 한국은 너무 커버렸습니다. 과거 모든 분야에 일본에 종속되었던 한국이 일본과 비슷해질 거라 생각 못 했는데 말이지요. 한일관계가 종속관계에서 대등한 관계로 변했다는 것은 이로 인해 많은 것들이 순차적으로 변할 수밖에 없음을 의미합니다. 한일관계의 가장 핵심인 일본의 과거에 대한 사과도 마찬가지이지요.

사과 Story 통해 본 새로운 한일관계

일본의 한국에 대한 식민지배는 어떤 이유를 막론하고 잘못이었습니다. 한국인들이 겪은 유무형의 고통은 너무나 컸고 후유증도 심각했습니다. 일본은 1965년 한일협정 때 그 어떤 문구에도 사과, 배상을 언급하지 않았지만, 그 마음을 담아 5억 달러를 지원했습니다. 사과의 마음이 없었으면 그 당시 거금이었던 5억 달러를 한국에 지원할 이유가 없었죠. 그 후 한일외교 석상에서 일본은 몇 차례 사과했고 모든 것이 마무리되었다고 생각했습니다.

그러나 한국은 한일 과거사와 관련한 문제가 생길 때마다 일본에 사과를 요구했습니다. 위안부 피해자는 한일협정 당시 알려진 존재가 아니었기에 일본의 추가적인 사과를 요구하기도 했고요. 그러나 독도, 역사 교과서, 야스쿠니신사 참배 관련한 일본 지도자의 언행에 한국인들은 분노했습니다.

일본은 한국에 대한 망언이 일본인 소수의 일탈일 뿐인데 한국이 과민반응을 하고 있고 국내 정치에 반일 감정을 이용하고 있다고 생각했습니다. 2015년 한일 양 정부가 위안부 협상에서 '최종적, 불가역적' 합의를 하였는데, 다음 한국 정부가 뒤집는 것을 보고 일본 정부는 실망을 표현했습니다.

일본 정부가 한일협정 때 한국인 피해자들에게 개별 보상을 하려는 것을 한국 정부가 막아 놓고선 일본제철 피해자의 피해 보상에 한국 정부가 나 몰라라 하는 것도 마찬가지였습니다. 결국 일본 정부는 협상에서 합의한 것을 쉽게 파기하는 한국 정부와 더는 협상할 필요가 없다는 결론을 내린 것이죠.

그리고 실제로 일본 정부는 문재인 정부와 어떤 협상에도 응하지 않았습니다. 과거였으면 마지못해 사과하거나 어쩔 수 없이 협상장에 나왔었는데 이제는 아닌 거죠.

이런 일본의 태도 변화는 한국을 아래로 놓고 보던 때와 사뭇 달라진 것을 보여줍니다. 아이가 떼쓰면 어쩔 수 없이 하나씩 들어주던 때가 지났다는 거죠. 이제 일본과 대등한 관계가 된 한국이기에 떼쓰면 한 수 접어주었던 것을 안 하겠다는 것입니다.

심지어 일본은 모든 분야에 한국과 경쟁하는 시대가 왔기 때문에 한일관계에서도 한 치도 물러설 마음이 없다는 것을 한국은 빨리 알아야 합니다. 그런 점에서 현재 한일관계를 푸는 것에 한국이 먼저 나서는 것도 필요합니다. 한국이 잘못해서가 아니라 풀 수 있는 동력을 한국이 갖고 있기 때문입니다.

첫째, 한국 정부는 과거가 아닌 미래에 집중하자고 일본 정부에 먼저 제안해야 합니다. 역사의 피해자가 먼저 가해자의 손을 잡아주자는 것입니다. 이를 극적으로 상징할 수 있는 일본 천황의 방한도 심각하게 고려해야 합니다. 천황이나 일본 정부가 어느 정도 깊이의 사과를 할 것인지를 재고 결정하는 것이 아니라 우선 오게 하는 것이 중요합니다.

둘째, 일본제철 손해배상, 위안부 화해치유재단 청산 같은 당장 시급한 문제는 일본 정부와 기업에 손을 벌리지 말고 한국 정부의 힘과 지혜로 해결하는 방안을 찾아야 합니다. 한일수교 이후 가장 살얼음을 걷게 만든 두 문제는 한일 양 정부의 인식 차이가 워낙 커서 줄어들기 어렵습니다.

한국 정부는 일본제철 손해배상 소송에서 승소한 피해자가 더 돌아가시기 전에 실질적인 보상을 빨리해야 합니다. 이와 동시에 일본제철이 평화기금 조성을 통해 간접적으로 피해자들을 지원할 수 있게 한다면 일본 정부가 반대하지 않을 것입니다.

셋째, 정치와 경제를 철저히 분리해야 합니다. 일본 정부가 한국에 행했던 수출 규제에 맞받아치는 식의 유혹을 잘 참아야 합니다. 물론 외교나 무역은 철저히 상호주의이기에 상당한 만큼 때려야겠지만 정치와 경제를 혼동하면 안 됩니다.

이 부분에서 한국과 일본 양국이 모두 경제적으로 큰 이익을 얻을 수 있는 '한일해저터널' 같은 대규모 경제 프로젝트를 제안하는 것도 중요합니다. 과거처럼 일본이 이익이면 한국엔 무조건 손해라는 생각을 버리고 일본이 이익이면서 한국에도 이익이 되는 것을 먼저 발굴하여 끌고 갈 수 있어야 합니다.

과거 철천지원수 관계였던 영국과 프랑스가 '유로 터널'(정식 명칭은 '채널 터널')로 연결되어 양국이 큰 이익을 얻고 있는 것을 '강 건너 불 보듯' 할 필요가 없습니다. 새로운 한일관계를 통해서 한국과 일본이 가깝고도 가까운 관계가 된다면 양국 젊은이들은 더 많은 것을 얻을 수 있을 것입니다.

9

북한과 미국, 이제는 결론을 내려야 할 때

북한과 미국, 이제는 결론을 내려야 할 때

2022년 5월 미국 바이든 대통령이 취임 후 한국에 처음 와서 한미 정상회담을 하였습니다. 그때 CNN 기자가 가까이에 있는 북한 김정은 위원장에게 전할 말이 있냐는 질문을 던졌습니다. 무슨 말이 나올까 모두 귀를 기울였는데 "Hello" 하더니 몇 초 후 "Period"라고 하고 답을 끝냈습니다. 한국말로 굳이 표현하자면 "안녕", "끝"이라고 한 거죠.

전임 트럼프 대통령은 김정은 위원장에게 너무 많은 말을 자주 해서 문제였는데 미국이 이렇게 확 바뀔지 몰랐습니다. 사실 트럼프 대통령 전까지만 하더라도 미국 민주당은 상대적으로 북한에 유연했고 공화당은 강경했습니다.

북핵 문제 해결을 위한 북미 제네바 합의는 미국 민주당 정부가 했었고, 북한이 제네바 합의를 준수하지 못했다고 파기시킨 것은 공화당 정부였습니다. 물론 북한을 이라크, 이란과 함께 '악의 축' 국가로 비판했던 것도 공화당 정부였습니다.

이런 흐름을 완전히 바꾼 사람이 트럼프 대통령이었습니다. 물론 트럼프 대통령은 임기 초기에 그 어떤 공화당 출신 대통령보다 북한에 강경한 태도였죠. 오죽하면 2017년 한반도 전쟁위기설이 나왔겠습니까? 하루가 멀다고 북한 김정은 위원장과 주고받았던 막말은 실제로 어디로 튈지 모르는 트럼프 대통령의 스타일과 맞물려 대북 선제공격이 현실화하는 것 아니냐고 모두 걱정했었습니다. 역시 공화당 정부라는 말도 나왔었고요.

그런데 모두의 예상을 뒤엎고 역사상 최초의 북미정상회담은 트럼프 대통령의 공화당 정부에서 실현되었습니다. 회담 전 트럼프 대통령은 북한과 관련해 전 세계인들을 롤러코스터에 태워 오르락내리락했습니다. 1차 정상회담이 '간 보기'였다면, 2차 정상회담은 북미 관계 정상화를 위한 합의가 시도되었습니다. 아쉽게도 2차 정상회담에서 북미 간 이견이 좁혀지지 않아 결렬되었고, 그 후 여러 번 노력이 있었지만 결국 성과를 내지 못했죠.

그 후 민주당 출신 바이든 대통령이 취임하면서 대북 유화 메시지가 나올 것으로 기대했는데 위에 언급한 것처럼 "안녕? 끝"이라니 조금 의외였습니다. 극단적인 이분법을 사용하자면 반북 공화당이 친북이 되었고, 친북 민주당이 반북이 되었다고 할까요.

싸이의 강남스타일이나 BTS가 유명해지기 전만 하더라도 미국 사람들은 남한보다 북한에 대한 관심이 많았습니다. 북한을 더 좋아해서가 아니라 그만큼 미국 사람들에게 남한보다는 북한 관련 뉴스가 훨씬 많이 나왔고, '악의 축' 같은 자극적 내용이 많았기 때문이죠.

얼마 전 저와 함께 1999년 북한 대학생을 만났던 선배가 미국 사람들 앞에 경험담을 얘기하는 시간이 있다며 그때 영상을 보내 달라고 하더군요. 20년이나 지난 일인데 미국 사람들이 남한 사람을 통해 북한 얘기를 듣고 싶어 하는 게 신기했습니다.

그러고 보면 북한 사람도 신기한 구석이 있었습니다. 예닐곱 번 북한에 가서 만났던 북한 사람들은 공개적인 자리에서는 미국을 비난하지만, 저와 단둘이 있을 때 미국을 안 좋게 얘기하는 사람은 없었습니다. 오히려 제가 몇 번 미국을 다녀왔다고 했을 때 호기심을 갖고 물어보는 경우도 많았습니다.

북한과 미국의 관계에서 전통적인 큰 흐름 속에 조금씩 변화하려는 에너지가 여기저기에서 감지됩니다. 한국전쟁 때부터 현재까지 두 국가의 관계는 어떠했는지를 살펴보면 앞으로는 어떻게 변하게 될지 추측하기 쉬울 것 같습니다.

미국에 첫인상을 강력하게 남긴 북한

북한과 미국의 본격적인 첫 만남은 한국전쟁이었습니다. 2차 세계대전 직후 미국은 38선을 중심으로 한반도 이남 지역, 소련은 한반도 이북 지역을 관리하였습니다. 미국과 소련의 한반도 신탁통치가 예상보다 어렵게 되자 두 나라는 한반도 문제를 유엔에 맡기고 손을 뗐습니다.

미국은 그 당시 한반도보다는 일본, 대만, 필리핀을 중요하게 생각했습니다. 그런데 나중에 돌아보니 2차 세계대전 연합국으로 함께 있었던 소련의 야심이 크다는 것을 깨달았습니다. 북한만이 아닌 남한까지 공산화되면 일본도 안전하지 않다는 것도 뒤이어 알게 된 것이죠.

아니나 다를까 미군이 철수한 지 1년도 채 안 되어 북한은 소련과 중국의 도움을 받아 한국전쟁을 일으켰습니다. 미국은 때늦은 후회를 하였지만 아주 신속하게 참전하였습니다. 유엔 16개국이 도착하기 전부터 일본에 있던 미군 전투기들이 남한 방어에 도움을 주었습니다.

맥아더 장군의 인천상륙작전으로 유엔군은 수세에서 공세로 전환하여 압록강까지 밀고 올라갔지만 중국 인민해방군이 참전하면서 전쟁 발발 3년 만에 원래의 38선으로 다시 돌아왔습니다. 남한이 끝까지 정전을 반대했으나 북한, 중국, 미국, 세 나라가 1953년 정전협정을 맺었고, 이는 현재까지 이어져 오고 있습니다.

미군의 한국전쟁 참전은 엄청난 희생이 따랐습니다. 일례로 20세기 이후부터 현재까지 1, 2차 세계대전을 빼고 베트남전쟁 다음으로 많은 전사자가 발생했습니다. 베트남전쟁에서 미군의 피해는 전사자 5만8,000여 명, 부상자 30만여 명이었는데, 한국전쟁에서는 전사자 3만7,000여 명, 부상자 9만2,000여 명이었습니다.

그 뒤로 이라크 전쟁은 전사자 4,400여 명, 부상자 7만여 명, 아프가니스탄 전쟁은 2,300여 명이 전사하고 2만여 명이 다쳤습니다. 안 좋은 것에 더 큰 의미 부여를 하고 싶지 않지만, 베트남전쟁은 10년이었고 한국전쟁은 3년이었으니 기간당 사상자 수는 한국전쟁이 가장 높다고 볼 수 있습니다. 그만큼 미국은 남한만큼은 아니지만, 북한과 처음부터 철천지원수로 출발하였습니다.

미국은 자유민주주의 맏형으로서 북한만이 아니라 전 세계 공산화를 저지하는 데 힘을 쏟았습니다. 한반도 공산화는 막았지만, 베트남에서는 실패했지요. 베트남전쟁 기간 미국 내 전쟁 반대 여론이 높아졌고 나아가 맏형의 책임이 너무 크니 내려놓자는 얘기도 있었습니다.

미국은 세계 최고 경제대국이지만 밑 빠진 독에 물 붓는 해외 파병보다 국내 경제에 더 힘을 쏟아야 한다는 얘기였죠. 실제로 1970년대 주한미군 2만여 명이 넘게 철수하였고, 미 공군, 해군 일부를 제외하고 주한미군 전면 철수를 실행하려고도 하였습니다.

역대 최악의 한미정상회담이었다고 평가받는 박정희 대통령과 카터 대통령의 회담에서 두 정상은 이 문제로 얼굴을 붉히며 설전을 했습니다. 미국은 북한으로부터 직접적인 위협이 많이 줄어들었다고 판단하여 주한미군 철수를 밀어붙였지만 다른 이유로 흐지부지 되었습니다.

특히 이 시기 아시아의 맹주가 된 일본, 급부상하고 있는 중국이 미국의 주요 관심사였습니다. 한반도 문제는 현상 유지 정도로 생각하고 있었던 거죠. 그러다 상황이 한순간에 바뀐 사건이 발생했습니다. 1980년대 중반 인공위성에 찍힌 사진을 분석하던 중 북한 영변 지역에서 무엇인가가 발견되었던 것이지요. 그것은 다름 아닌 핵물질을 추출하는 핵발전소였습니다.

미국을 다시 돌아오게 하다

북한은 한국전쟁 직후 소련을 통해 원자력 기술이전을 받았습니다. 그리고 얼마 안 지나 중국과도 원자력 협력 협정을 맺었습니다. 그 당시 평안북도 영변 지역에 연구용 원자로를 설치하는 등 대규모 단지를 조성했습니다. 김소월 시인의 '진달래꽃'에 '영변에 약산 진달래꽃 아름 따다 가실 길에 뿌리오리다'라는 시구가 나오는데, 바로 그 영변이 아주 유명해졌죠.

소련과 중국은 전기 생산을 위한 도움을 주었는데 설마 북한이 핵무기 개발에 활용할 거라고는 꿈에도 생각하지 못했습니다. 핵무기 개발은 절대 안 된다고 협박 수준으로 얘기를 했고, 북한이 몇십 년 노력해도 안 될 거라 봤기 때문입니다.

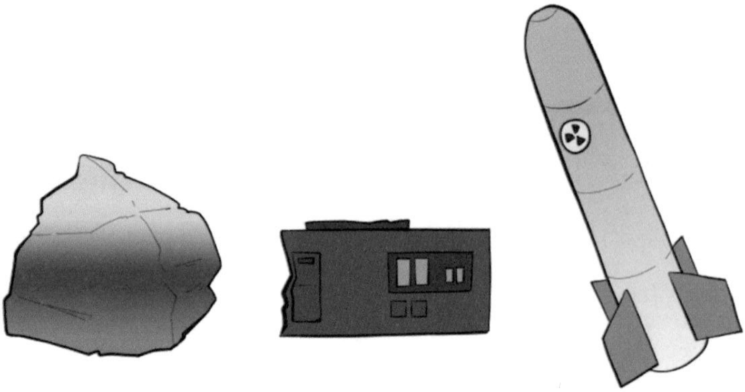

핵무기를 구성하는 세 가지 요소

핵무기는 크게 세 가지로 구성되어 있는데 핵물질, 기폭장치, 운반수단입니다. 핵물질이야 말 그대로 폭약과 같이 뻥 터져 주변을 파괴하는 것이고, 기폭장치는 핵물질을 원하는 시점에 터트리는 것이고, 운반수단은 미사일과 같은 거죠. 셋 중에 하나라도 없으면 핵무기가 될 수 없습니다.

이 중 가장 중요한 것은 핵물질입니다. 기폭장치와 운반수단은 기술이 갖춰지면 바로 만들 수 있지만, 핵물질을 얻는 데는 기술뿐만 아니라 많은 시간이 필요하기 때문입니다. 핵물질을 얻는 방법은 몇 가지가 있습니다. 주로 많이 쓰이는 방법은 전기를 발생케 하는 원자력발전소 기술과 비슷합니다.

그래서 어느 나라가 핵무기를 개발하려고 하는가 알아차리기 어려운 이유가 여기에 있습니다. 전기를 만들려고 발전소를 돌리는데 왜 참견이냐고 하면 할 말이 없어집니다.

핵무기는 인류 역사상 한 번 사용되었습니다. 2차 세계대전 막바지에 미국이 일본 히로시마와 나가사키에 투하하였는데, 피해가 크고 후유증이 심각해서 다시는 이런 무기를 사용하지 말자는 경종을 울리기도 하였습니다.

하지만 얼마 안 있어 소련, 영국, 프랑스, 중국에서 핵무기 개발에 성공하였습니다. 핵무기 하나만 갖고 있으면 어떤 강대국도 두렵지 않은 지위를 갖게 되니 다른 나라까지 덩달아 관심을 보였습니다.

이렇게 너도나도 핵무기 개발을 하다가 만에 하나 잘못 터트리기라도 하면 인류가 공멸할 수도 있다고 생각한 나머지 핵확산금지조약(NPT)이 생겼습니다. 핵무기를 보유한 국가들이 나머지 국가는 갖지 못하게 미리 실드(보호장치)를 친 국제조약이었지요.

어떻게 보면 불평등조약일 수 있지만 1970년대 미국과 소련의 말을 무시할 국가는 별로 없었기에 대부분 이 조약에 가입하였습니다. 물론 이 경우에도 꼭 말 안 듣는 국가가 나오기 마련입니다. 이스라엘, 인도, 파키스탄은 끝까지 NPT 가입을 거부하면서 핵무기 개발에 성공하였습니다. 북한은 소련에 의해 당연히 NPT에 가입해서 핵무기 개발과는 관련이 없다고 생각했었는데 우방국, 적성국 모두를 보란 듯이 속였던 거죠.

북한의 핵무기 개발에 소련과 중국은 내심 북한이 괘씸했지만, 미국은 그 정도로 넘어갈 수 있는 상황이 아니었습니다. 중국이 핵무기 개발에 성공했을 때 일본도 개발하겠다는 것을 겨우 뜯어말렸으니까요.

그런데 북한마저 핵무기를 갖는다고 하면 일본을 어떻게 다시 말려야 할지 걱정이 되었습니다. 남한이 핵무기 개발에 나서겠다고 하면 개발에 시간이 걸리니까 차차 설득하면 되지만 일본은 자금과 기술이 충분해 당장 가능한 수준이었습니다. 그렇게 되면 도미노처럼 너도나도 핵무기 개발을 할 것이 뻔했습니다.

결국 미국은 북한의 핵무기 개발을 막는 것을 핵심과제로 설정하고 다시 북한 문제에 깊숙이 개입하게 되었습니다. 우선 국제원자력기구(IAEA)를 통해 북한 영변에 들어가 핵무기 개발을 어느 정도까지 했는지 확인하기로 했습니다.

선제 폭격과 협상 사이

국제원자력기구(IAEA)는 바로 행동에 돌입하였습니다. 핵물질을 생산하는 것으로 의심되는 영변의 대규모 시설에 직접 들어가 조사하려고 했습니다. 예상했던 대로 북한은 거부하였고 양측의 주장은 평행선을 달렸습니다. 그러다 1990년대 초 발발한 이라크 전쟁은 북한을 난처하게 만들었습니다.

미군이 이라크 공습 후 진군하다가 이라크가 몰래 개발한 최첨단

고성능 핵무기를 발견했기 때문입니다. NPT 조약에 가입하여 잘 준수하고 있다고 보였던 이라크가 국제사회를 철저하게 속인 것이 북한으로 불똥이 튀었던 거죠. 특히 이 시기 영변은 북한에 원자력 기술을 제공했던 소련과 중국에도 공개하지 않을 정도로 통제되는 지역이었기에 충분히 의심을 사게 되었습니다.

이런 상황에서 국제사회의 빗발치는 조사 요구를 북한이 모두 거부하기에는 한계가 있었습니다. 심지어 소련, 중국도 북한 핵무기 개발은 탐탁지 않게 생각하고 있었으니까요. 결국 북한은 1992년 IAEA 조사를 받아들였습니다. 북한은 전기 생산을 위해 원자로를 돌렸으며 핵물질인 플루토늄은 극히 소량만 생성되었다고 주장하였습니다. 핵무기 1개를 만드는 데 5kg 정도의 플루토늄이 필요한데 북한은 지금까지 딱 한 번 추출해서 90g 정도 나왔다고 하니 핵무기 개발과는 거리가 멀어 보였습니다.

그러나 얼마 안 있어 북한의 주장은 거짓으로 드러났습니다. IAEA 분석 능력을 과소평가한 북한의 실수였습니다. IAEA는 북한이 세 차례 핵물질을 추출하였고 훨씬 많은 양의 플루토늄을 추출한 사실을 밝혀냈습니다. 물론 북한이 당장 핵무기를 만들 수 있는 수준은 아니지만, 핵물질을 보유하고 있고 시간이 가면 갈수록 그 양이 커진다는 것은 심각한 상황으로 받아들여졌습니다.

이에 미국은 두 가지 선택지를 가지고 고민하였습니다. 첫째는 북한의 핵무기 개발 완성 전에 핵시설을 폭격하는 것이었습니다. 이미 미군은 1990년 이라크 1차 전쟁에서 유도 미사일로 정밀하게 타격했던 경험이 있었습니다. 다만 이후 북한의 휴전선 부근에 배치된 300여 문의 장사정포가 일제히 서울을 향해 포격할 경우가 고민이었습니다.

이러면 북한과 전면전이 벌어지게 되고 주한미군 5만2,000명, 한국군 49만 명이 죽거나 다치고 민간인을 포함해 100만 명의 사망자가 발생할 거라는 컴퓨터 모의 시뮬레이션 결과가 나왔습니다. 결국 미국은 둘째 방법을 선택하기로 하였습니다. 북한과 바로 협상을 시작하는 것이었죠.

미국인에게 확실한 인싸가 된 북한

여러 우여곡절을 겪은 뒤 협상테이블에 앉자마자 북한은 미국에 따졌습니다. 전기 생산을 위한 원자력 가동이 무엇이 잘못이냐는 것이었죠. 미국은 당장 핵물질 생산을 멈추고 지금까지 추출했던 플루토늄을 모두 반납하라고 맞섰습니다.

끝없이 평행선을 긋는 상황에서 북한은 특유의 '벼랑 끝 전술'을 썼습니다. 1993년 3월 NPT 탈퇴를 선언했던 거죠. 뒤이어 장거리 미사일 '노동 1호'를 시험발사하였습니다. 북한에서는 '화성 7호'라고 부르는데 사거리가 1,000km였습니다.

지금까지는 핵물질 생산에 초점을 맞추고 있었는데 미사일 사거리까지 늘리고 있는 북한을 그대로 놔두면 안 된다는 미국 내 의견이 부쩍 높아졌습니다. 최소한의 인명 피해는 감수하더라도 군사조치를 해야 한다는 것이었죠. 실제로 나중에 알려진 사실인데, 이 시기 한국 정부 모르게 미국은 북한에 대한 선제공격 카드를 만지작거렸습니다.

이때 NBC 뉴스와 월스트리트저널이 실행한 여론조사에 46%의 미국인들이 북한 핵무기 개발을 '현재 미국이 직면하고 있는 가장 심각한 대외문제'라고 응답했었습니다. 또 다른 설문조사에서는 응답자의 51%가 북한이 계속 국제 사찰을 거부할 경우 북한 핵시설을 파괴하기 위해 군사력을 동원해야 한다고 밝혔습니다. 미국인들 머릿속에 북한이라는 나라가 확실히 각인되기 시작했죠.

북미 협상의 난항을 겪고 있으면서 전쟁 위기가 높아지는 상황에서 예상 밖 인물이 움직였습니다. 그 당시 활발한 사회활동을 하고 있던 지미 카터 전 미국 대통령이 북한 김일성 주석을 만난 것이죠. 카터 전 대통령은 김일성 주석과 만나 북한을 다시 협상테이블로 이끌었습니다.

그해 7월 김일성 주석이 갑자기 사망했지만 북미 간 협상은 지속되었습니다. 이미 아들인 김정일 위원장이 후계자로서 주요 결정을 내리는 위치에 있었기에 문제가 없었습니다. 그리고 결국 10월에 들어와 북미 핵무기 협상은 가까스로 타결되었습니다.

미국은 한국, 일본과 함께 핵물질 생산이 불가능한 경수로발전소를 건설해 주기로 하였습니다. 그리고 북한은 기존 핵시설에 대한 IAEA 사찰단의 지속적인 감시를 허용하고 핵물질은 외부로 보내기로 하였습니다.

그 외 미국은 북한의 부족한 에너지를 보충해 주기 위해 매년 중유 50만 톤을 공급하고 북한은 경수로발전소가 완공되는 시점에 기존 핵시설을 완전 해체하기로 하였습니다. 협상 이행 단계에 맞춰 양국 관계를 개선해서 수교까지 가는 것이 북미 제네바 합의의 골자였습니다.

북한 김정일은 협상 타결에 아주 기뻐했습니다. 아버지 사망 후 홀로서기를 하는 첫해 가장 중요한 일을 해냈으니까요. 초강대국 미국과 협상하면서 꿀리지 않고 대등하게 합의했다는 것만으로도 승리했다고 생각했을 것입니다.

반면 미국은 좀 달랐습니다. 민주당 클린턴 정부가 너무 많은 것을 양보했다고 공화당에서 난리를 친 것입니다. 하필이면 그해 미국 중간선거에서 공화당이 의회 과반 의석을 차지했던 것도 향후 북미 관계가 마냥 좋지 않을 것임을 예고했습니다.

미국의 속마음이 실현될 뻔

해피엔딩으로 끝난 것 같았던 북핵 문제는 미국 공화당 암초를 만나 표류하게 되었습니다. 제네바 합의를 이행하려면 돈이 필요한

데 공화당이 주도하는 의회에서 시간을 끌었기 때문입니다. 당장 3개월 내 중유공급을 하기로 했는데, 공화당은 이에 대한 예산심사를 차일피일 미뤘습니다. 6개월 내 경수로 제공을 위한 계약을 체결해야 했는데 이것도 마찬가지였고요.

협상 타결 직후 축포를 터트렸던 북한은 조금씩 미국에 의구심을 갖기 시작했습니다. 아무리 그래도 그렇지, 합의문 잉크가 아직 마르지도 않았는데 미적거리는 미국에 불만을 품기 시작했습니다.

클린턴 대통령은 북한이 딴마음 먹을까 봐 마음을 졸였습니다. 그래서 정기적으로 북한에 제공해야 하는 중유는 의회에 인준을 받을 필요가 없는 국방부 예산 '우발적 위험 준비금'에서 집행했습니다.

중유 5만 톤씩 기한 내 북한에 전달하는 것은 마치 영세업체 사장이 은행에 돈을 빌려 직원들에게 월급을 주는 것과 비슷했습니다. 우리나라 돈으로 200억 원 정도인데, 서너 번은 괜찮지만 매월 국방부 비상금으로 쓰기에는 큰 금액이었죠.

경수로 제공도 만만치 않았습니다. 경수로 2기 건설은 그 당시 4조 원이 넘는 초대형 사업이었습니다. 미국은 한국이 약 3조5,000억 원, 일본이 약 1조 원을 부담케 했는데 설득 과정이 만만치 않았습니다. 미국이 북한에 약속한 6개월이 넘자 북한은 당장 기존 핵무기 개발을 재개하겠다고 으름장을 놓았습니다.

미국은 한국과 일본을 강하게 압박해서 '한반도 에너지 개발기구

(KEDO)'를 구성했고, 기한을 훌쩍 넘었지만 북한을 달래면서 경수로 계약 체결을 완료했습니다. 제네바 합의를 이행하는 초기부터 미국 클린턴 정부가 삐거덕거리는 모습을 보이자 이럴 거면 뭐하러 합의를 했느냐는 주위의 핀잔을 들었습니다.

사실 클린턴 정부가 제네바 합의를 무리하게 했던 배경은 다른 곳에 있었습니다. 쉽게 말해 이미 식량난에 허덕이고 있던 북한이 곧 무너질 거라고 봤던 거죠. 북한 핵무기 개발을 잠깐이라도 중단시키기 위해 당근을 주면서 시간을 끌기 위해 합의를 했던 것입니다.

게다가 1995년이 되면서 미국의 이 예상은 확신으로 바뀌었습니다. 1995년 여름 북한은 대홍수로 인해 식량 생산에 큰 타격을 입었던 것입니다. 북한은 식량이 매년 최소 600만 톤이 필요했지만 400만 톤만 생산 가능했기에 항상 200만 톤이 부족한 만성식량부족 국가였습니다.

그런데 대홍수로 기존 생산량의 절반 이상이 줄어든 것이죠. 설상가상으로 그다음 해인 1996년에도 대홍수가 또 발생하면서 논, 밭이 유실되면서 식량 사정이 나아지지 않았습니다. 기존에 적게라도 식량 배급을 했던 것은 전면 중단되었고, 이 상황을 처음 겪은 북한 주민은 굶어 죽는 사람이 넘쳤습니다.

북한은 1990년대 후반을 '고난의 행군' 시대라고 부르는데, 이 기간에 약 100만 명의 아사자가 발생했습니다. 중국 국경을 넘는 탈북자가 속출했고, 이를 막아야 할 북한 군인도 식량을 찾아 함께 넘어

북한의 '고난의 행군' 시기 집 없이 떠돌면서 식량을 찾아 돌아다니며 구걸하거나 도둑질하는 유랑자 '꽃제비'가 사회적 문제가 되었다. 꽃제비라는 말은 1990년대 중반부터 주민들 간에 유행한 신조어이다.

갔습니다. 북한의 국가시스템이 완전히 붕괴하였음을 여러 지표를 통해 알려졌습니다. 유엔 식량농업기구(FAO)를 비롯해 북한에 식량 지원을 위해 들어간 사람들마다 처참한 광경에 혀를 내둘렀습니다.

클린턴 정부는 속으로 쾌재를 불렀습니다. 국가 존립이 어려워진 북한은 핵무기 개발은 이제 엄두가 안 날 것으로 생각했습니다. 제네바 합의를 열심히 지킬 필요성도 사라졌고요. 비싼 중유를 북한에 보내는 것도 차일피일 미루었습니다. 미국은 그저 멀리서 지그시 북한이 오늘 무너지나 내일 무너지나 관망을 할 뿐이었습니다. 그런데 1998년 8월 마지막 날 북한에서 인공위성을 실은 미사일이 발사되었습니다.

자라 보고 놀란 미국 가슴

북한에서 발사한 미사일은 3단계 추진 방식으로 기존 2단계 방식보다 훨씬 멀리 날아갈 수 있다는 점에서 세계를 놀라게 하였습니다. 사거리 1,600km인 이 미사일로 가장 충격을 받은 나라는 일본이었습니다. 북한이 핵물질이 있다 해도 미사일이 없으면 무용지물인데, 일본 전역을 타격할 수 있는 미사일을 북한이 처음 공개했기 때문입니다.

북한이 무너지기를 기다리고 있던 미국도 비상 상황이 되었습니다. 몇 년 안에 무너질 거라고 봤던 북한이 안 무너지고 오히려 더 강한 무기를 들고나왔으니까요. 미국 내에서는 북한이 제네바 합의를 위반했으니 당장 파기하자는 의견이 높아졌습니다. 북한은 누군가를 공격하기 위해 만든 미사일이 아니라 인공위성을 우주로 보내는 로켓이라고 항변했습니다.

그런데 미사일과 로켓의 차이는 사실 없다고 보는 것이 맞습니다. 스마트폰으로 전화통화를 하다 내비게이션으로 사용하는 것과 비슷한 거죠. 인공위성을 싣고 위로 가면 로켓이고, 핵물질을 싣고 옆으로 가면 핵미사일이 되는 것처럼요.

북한 미사일 발사는 또 다른 곳에 불똥이 튀었습니다. 미사일 발사 2주 전 인공위성에 새롭게 탐지되었던 북한 지하 핵시설에 대해 갑자기 관심이 쏠리게 되었습니다. 그 지역은 기존 영변 지역이 아닌 금창리라는 새로운 곳이었습니다.

미국은 북한이 5년 만에 미사일 사거리를 2배로 늘렸으니 핵물질도 그랬을 거라는 불안감에 사로잡혔습니다. 그래서 북한 금창리에 여러 군데 굴착공사를 하며 지하 시설을 건설하고 있는 것을 조용히 지켜봤다며 제네바 합의 위반인지 직접 확인하겠다고 말했습니다. 북한은 일언지하 거절하였습니다. 그리고 정 금창리에 들어가 조사를 하려면 그에 맞는 대가를 달라고 요구하였습니다.

미국은 잠시 고민을 하다 워낙 중요한 사안이기에 식량 60만 톤을 제공하기로 하고 1999년 5월 금창리에 들어갔습니다. 그런데 결과는 꽝이었습니다. 미국 전문가 14명은 핵무기 제조와 거리가 먼 곳이라는 결론을 내렸던 것입니다. 자라 보고 놀란 가슴 솥뚜껑 보고 놀란다는 옛 속담이 있는데, 미국이 딱 그런 경우였던 것이죠.

그 후 북미 관계는 살얼음을 걷는 것처럼 아슬아슬하게 유지되었고 제네바 합의는 파기되지 않았습니다. 심지어 2000년 10월 미국 대선이 2개월 정도 남은 상황에서 '북미 공동 코뮈니케'가 발표되었습니다. 북한군을 대표한 조명록 차수(대장급)가 클린턴 대통령을 직접 만나 북미정상회담을 위한 방북 요청을 할 정도로 북미 관계가 좋아졌습니다.

남북관계도 좋아졌습니다. 1998년 남한은 최초의 정권교체로 김대중 대통령이 당선되었고, 정주영 현대 회장이 1,001마리 소를 몰고 북한에 다녀왔으며, 2000년 최초의 남북정상회담이 열려 6·15공동선언이 발표되었습니다.

그런데 호사다마라고 북미 관계는 큰 변화를 일으키는 상황이 벌어졌습니다. 2000년 말 미국 대통령선거에 공화당 후보인 조지 W. 부시 대통령이 승리했던 것입니다. 북미 제네바 합의 자체를 반대했던 그 공화당이 의회만이 아니라 행정부까지 장악했으니 전 세계가 북미 관계와 한반도를 주목하였습니다.

북한의 새로운 핵 개발과 6자회담의 강제 종료

북한은 차기 미 행정부가 어떻게 나올지 초미의 관심을 두고 숨죽이며 지켜봤습니다. 전임 클린턴 대통령과 약속했던 핵 개발과 미사일 발사 모두 중지시킨 상태였고요. 그런 점에서 2001년 3월 개최되었던 한미정상회담은 북한에 아주 중요했습니다. 그런데 예상대로였습니다. 취임한 지 2개월 정도 지났던 부시 대통령은 김대중 대통령과 사사건건 부딪쳤습니다.

부시 대통령은 전임 대통령보다 북한 문제를 중요하게 생각하지 않고, 협상의 상대로 인정하지 않는다는 것을 보여주었습니다. 예상했던 결과였지만 북한은 실망했고, 북미 관계만이 아닌 남북관계도 삐걱거리기 시작했습니다.

설상가상으로 2001년 9월 '9·11테러'가 발생하였고, 2002년 1월 부시 대통령은 북한을 이란, 이라크와 함께 '악의 축' 국가로 발표하였습니다. 이후 북미 관계는 살얼음을 걷는 것이 아니라 안개 속에서 깨진 얼음 위를 걷는 것과 같이 미궁으로 빠지게 되었습니다.

그러다 북한의 핵 개발 관련 문제가 2002년 새롭게 터졌습니다. 북한이 새로운 방식인 '고농축 우라늄 프로그램'으로 핵물질을 만들고 있는 것을 미국이 알아차렸습니다. 북한은 그런 일 없다고 잡아떼었고, 미국은 조사를 해봐야 의심을 풀 수 있다고 하였습니다. 북한이 말을 안 듣자 미국은 중유 제공을 중지시켰고, 이에 뒤질세라 북한은 다시 핵무기 개발에 돌입하였습니다.

이 시점에 북한은 평화적 목적으로 전기 생산을 위해 핵 개발을 하고 있다는 기존의 주장을 바꿔 본심을 드러냈습니다. 미국을 비롯한 서방세계가 북한을 위협하고 공격하려는 상황에서 자위적 방어 수단으로 핵무기를 가질 수 있다는 것이었습니다. 오래전부터 핵무기를 보유하려고 했던 북한이 계획을 스스럼없이 밝힌 목적은 간단했습니다. 경제 지원과 체제 보장을 해주면 핵무기 개발을 포기할 테니까 맞바꾸자는 것이었습니다.

그러나 미국은 쉽게 응하지 않았습니다. 이미 북미 제네바 합의를 통해 지원은 지원대로 받았으면서 약속은 헌신짝처럼 버린 북한이라고 생각했으니까요. 그렇다고 북한을 마냥 무시할 수도 없는 것이 미국의 딜레마였습니다.

그냥 놔두면 핵물질은 계속 추출하고 미사일 사거리를 점차 늘릴 것이고, 그러기 전에 핵시설을 타격하면 주한미군과 남한도 피해가 막심할 거니까요. 그렇다고 협상을 하자니, 미국 국민의 세금인 열매만 빼먹고 약속을 안 지키려고 하니 뾰족한 수가 없었습니다.

이런 상황을 타개하고자 나온 발상이 '6자회담'이었습니다. 북한과 미국만이 아닌 한반도를 둘러싼 남한과 일본, 중국과 러시아, 총 6개국이 모이게 되었습니다. 미국으로서는 북한의 핵무기 개발 포기 대가를 혼자 책임지지 않아도 되고 북한이 유일하게 말을 듣는 중국의 힘을 지렛대 삼으면 좋겠다고 판단했습니다.

그래서 중국이 의장국이 되었고 북미 간 첨예한 대립을 중재해서 북핵 문제 돌파구가 생길 거라는 기대를 모았습니다. 6자회담은 2003년에 시작해서 2007년까지 4개월에서 6개월 간격으로 총 6차례 중국에서 열렸습니다.

6자회담과 기존 북미회담의 목적은 크게 다르지 않았습니다. 북한이 핵무기 개발을 포기하는 대신 미국은 북한에 대한 제재를 풀고 경제적 지원을 하는 것이 골자였습니다. 문제는 누가 먼저 행동할 것이냐였는데, 북한과 미국은 각자의 논리로 상대방이 먼저 움직여야 한다고 했었죠.

그래서 6자회담은 북한과 미국의 동시행동, 일괄타결로 접근하여 2005년 '9·19공동성명', 2007년 '2·13합의', '10·3합의'를 끌어냈습니다. 북한은 실제로 핵시설의 연료봉을 봉인하였고, 핵시설 사찰을 받아들였고, 냉각탑을 폭파하는 비핵화 순서를 밟았습니다. 미국은 북한을 테러지원국에서 해제했고, 중유 지원과 금융자산 동결을 해제하였습니다.

그러나 북한과 미국은 6자회담의 공동성명과 합의 사이에서도 사사건건 부딪치기도 했습니다. 2005년 '9·19공동성명'이 지켜지지 않고 미국의 금융제재가 단행되자 2006년 10월 북한은 1차 핵실험을 강행했습니다. 2008년 12월 6자회담 수석대표 회의까지 북미 간 이견이 좁혀지지 않아 후속 회의가 열리지 않자 2009년 5월 북한은 2차 핵실험을 하였습니다.

2차 핵실험은 북한 핵무기를 막기 위해 출발했던 6자회담을 강제 종료시켰고, 북핵 문제를 유엔으로 넘기게 했습니다. 1차 핵실험은 실패했기에 6자회담이 수습할 수 있는 여지가 있었지만 2차 핵실험은 성공했기 때문입니다.

핵무기 삼박자를 다 갖추게 된 북한

핵물질 확보와 함께 북한이 심혈을 기울였던 것이 미사일 개발이었습니다. 핵무기 사거리가 남한이나 일본까지라면 미국이 굳이 나

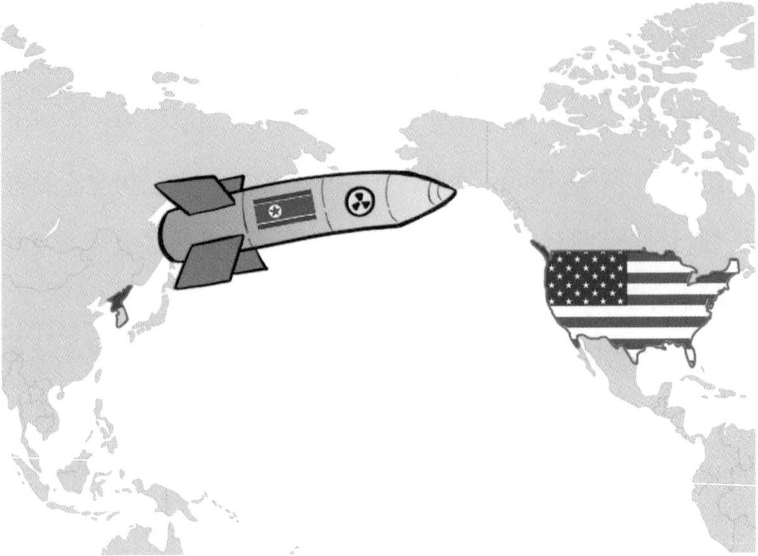

미국 본토를 공격할 수 있는 핵무기 기술을 완성한 북한

서서 협상할 필요가 없기 때문입니다. 북한은 핵물질을 싣고 1만km 떨어져 있는 미국 본토까지 정확하게 날아갈 수 있는 미사일 개발에 몰두하여 2010년 중반에 성공하였습니다.

1998년 사거리 1,600km인 미사일을 보고 깜짝 놀랐던 미국이었는데, 10년 후 미국 본토를 타격할 수 있는 미사일이 나오자 경악을 금치 못했습니다. 게다가 북한은 이 미사일을 개량하여 차량에 탑재하여 이동할 수 있고, 심지어 잠수함에 싣고 바다로 이동하여 발사할 수 있게 하였습니다. 미국이 예상하지 못한 곳에서 핵미사일을 발사해 요격 가능성을 적게 하기 위해서였죠.

1990년대 초 북한 핵무기 개발을 막기 위해 나섰던 북미 협상, 그 후 6자회담, 그리고 유엔 대북 제재는 결국 실패했습니다. 북한은 핵물질, 기폭장치, 운반수단인 미사일까지 차례대로 개발에 성공했고, 2005년 핵무기 보유 선언을 하였습니다.

그런데 북한은 중간에 크게 휘청거렸던 시기가 있었는데 김정일 위원장이 갑자기 사망했던 2011년 말이었습니다. 김일성 주석 사망했을 때와 비슷하게 북한이 무너지는 것 아니냐는 얘기가 많이 나왔습니다.

물론 김일성 주석 이후 북한은 건재했습니다. 그 예측은 틀렸던 것이죠. 그런데 그런 얘기가 또 나왔다는 것은 나름 그 이유가 있었습니다. 김일성 주석이 사망했을 때 후계자였던 김정일 위원장은 50대였는데, 김정일 위원장의 후계자인 김정은 위원장은 20대였기 때문입니다. 나이가 어리고 후계자 수업을 제대로 받지 못했기 때문에 북한은 몇 년 못 갈 것으로 봤던 것이죠.

저의 석사 논문 주제가 '김정은 후계체제 구축과정과 CNC 선전선동(2013년)'이었는데, 남한의 많은 북한 연구자와 언론은 '북한 붕괴론'을 자주 얘기했었습니다. 붕괴가 안 될 것이라는 전제로 쓰는 논문이었으니 주제를 바꿔야 하나 고민을 많이 했었죠.

미국의 오바마 행정부도 비슷한 생각을 했었습니다. 다만 비슷한 생각을 했었던 클린턴 행정부가 북미 제네바 합의를 했었다면 오바마 행정부는 적당한 거리를 두고 지켜봤습니다. 미국의 소극적인 자세가 지속되자 김정은 위원장은 취임 2년이 채 안 된 시점에 3차 핵실험을 단행했습니다. 바로 이어서 영변 원자로를 재가동하였고, 2016년 새로운 방식의 핵무기인 '수소탄'으로 4차 핵실험을 하였고, 같은 해 5차 핵실험을 하였습니다.

김정은 위원장은 아버지 김정일 위원장보다 더 자주, 더 다양한 핵실험을 하면서 완성도를 높였습니다. 북한은 그 정도에 멈추지 않고 미국 전역을 타격할 수 있는 미사일 개발과 더 많은 핵탄두를 생산하였습니다. 심지어 비싼 돈을 받고 그 기술을 미국과 사이가 안 좋은 나라나 테러단체에 전수하기도 했습니다.

이렇게 미국의 안보에 직접적인 위협이 발생하자 유엔만 쳐다볼 수 없게 되었습니다. 오바마 이후 취임한 트럼프 대통령은 북한과 전쟁을 불사하겠다며 여러 번 경고를 날렸습니다. 그런데 김정은 위원장은 2017년 9월 가장 강력한 6차 핵실험으로 응대했습니다.

미국 대통령이 직접 나서다

결국 2017년 취임한 트럼프 대통령이 직접 나섰습니다. 역대 어떤 미국 대통령도 북한 최고지도자 만나는 것을 꺼렸는데, 전형적인 미국 대통령과 달랐던 트럼프 대통령은 승부사적 기질을 발휘해 김정은 위원장과 직접 만나 결론을 내리자고 하였습니다. 김정은 위원장은 트럼프 대통령의 제안을 덥석 받았습니다.

2018년 싱가포르에서 열렸던 1차 북미정상회담의 핵심 주제는 역시 북한의 핵무기 해체였습니다. 핵무기 완성 전 과거보다 몸값을 더 높이려는 북한과 다시는 속지 않으려는 미국의 팽팽한 긴장감이 느껴졌습니다.

다행히 1차 회담을 통해 북미 정상은 북한 핵무기 해체와 관련해 큰 틀의 합의를 하게 되었습니다. 이를 본 사람들은 한반도에 평화가 본격적으로 도래하는 것 아니냐는 기대를 하게 되었습니다.

그러나 다음 해 베트남에서 열린 2차 북미정상회담은 예상과 달리 결렬되었습니다. 북한 핵무기 해체에 구체적인 접근을 하는 순간 북미 간 의견 차이가 워낙 컸기 때문입니다. 북한 핵무기를 그냥 놔두자니 갈수록 문제가 심각해지고, 해체를 시키자니 북한이 너무 큰 것을 요구하고 있고 심지어 속일 수도 있다는 의심을 버릴 수 없었습니다.

미국은 '완전하고 검증 가능하며 불가역적인 폐기(CVID)'를 한 번에 하는 '빅딜(Big Deal)'을 원했고, 북한은 단계별로 하는 '스몰딜(Small Deal)'을 원했습니다. 미국은 빅딜을 해야 북한이 빠져나갈 구멍이 없을 거라고 봤습니다. 북한은 빅딜을 해서 모든 핵무기와 핵시설을 해체했는데 미국이 약속을 안 지키면 대안이 없다며 반대했습니다.

결국 북미 정상은 세부적인 사안을 다시 정리해서 만나자고 하였고, 이후 북한과 미국은 팽팽하게 맞서기만 하였습니다. 그러다 2019년 6월 트럼프 대통령은 일본 오사카에서 개최된 'G20 Summit' 참석 후 판문점에 도착해 김정은 위원장을 만났습니다. 세계가 놀란 북미정상의 세 번째 만남이 시작되었던 것이죠.

트럼프 대통령은 김정은 위원장의 안내로 판문점 군사분계선을 넘어 북한 땅을 최초로 밟은 미국 대통령이 되었습니다. 이 과정에서 남한 문재인 대통령까지 남·북·미 3개국 정상의 만남도 있었습니다.

북미 정상은 다시 협상의 동력을 살리자고 합의를 하였고, 3차 북미정상회담을 갖자는 데 의기투합했고 서로 상대를 초청하였습니다. 그리고 판문점에서 북미 정상 만남 직후 중단되었던 북미 협상이 재개되었습니다.

하지만 북미 양국은 협상을 지속했지만 2차 북미정상회담에서 결렬된 상태에서 한 발짝도 앞으로 나아가지 못했습니다. 미국은 북한이 그때보다 더 큰 요구를 하고 있다고 불만을 표했고, 북한은 미국이 대통령선거를 의식해 시간 끌기만 하고 있다고 생각했습니다.

그렇게 시간은 지나 어느덧 2020년이 되어 미국 대통령선거 일정이 시작되었고, 트럼프 대통령은 재선에 실패하였습니다. 트럼프 대통령이 재선에 성공했다면 북미 관계는 3차 정상회담까지 갈 수 있지 않았을까 다양한 추측이 나오기도 합니다. 그러나 바이든 대통령으로 정권교체가 되었고, 북미 관계는 다시 제로에서 시작하게 되었습니다.

서두에 언급했지만, 새로 집권한 바이든 대통령은 북한에 대해 현재 이렇다 할 정책을 보여주고 있지 않습니다. 취임 직후 미국 국내문제, 코로나19 팬데믹, 아프가니스탄 철군, 러시아·우크라이나 전

한국 비무장지대에서 만난 도널드 트럼프 미국 대통령과 김정은 북한 노동당 위원장(2019.6.30, 판문점) ⓒ백악관

쟁 등 산적한 과제를 처리하다 보니 북한은 후 순위에 밀려 있는 것 같습니다.

문제는 이런 상황이 오래가면 북한이 가만히 있지 않을 거라는 데 있죠. 이렇게 조금 더 가다 보면 북한의 7차 핵실험과 대륙간탄도미사일(ICBM) 시험발사가 벌어질지 모릅니다. 그런 상황이 오기 전 미국이 오랫동안 풀지 못했던 북한과의 관계를 진지하게 검토해 행동에 나서야 하지 않을까요?

10

남한과 북한, 미워도 다시 한번

남한과 북한, 미워도 다시 한번

몇 해 전 금강산이 뉴스에 나온 적이 있습니다. 김정은 위원장이 금강산 현지 시찰을 하는 모습이 조선중앙통신에 나온 것이 남한 언론을 통해 보도된 것이지요. 그냥 무심코 뉴스를 보다 예전에 갔었던 금강산 온정각, 해금강 호텔이 나오니 반가웠습니다.

금강산 관광은 1998년 시작해서 2008년에 중단되었고, 그 후 10년 넘게 방치되었습니다. 물론 코로나19 팬데믹 전인 2019년까지 미국을 제외한 외국 관광객들은 금강산 관광을 할 수 있었습니다. 그래도 남한에서 1년에 약 20만 명 대규모 관광객이 갔을 때와 비교하면 아주 적은 숫자였죠.

그런데 뉴스의 내용이 충격이었습니다. 금강산 관광시설을 다 철거하라는 것이었습니다. 남한 관광객을 위해 만들었던 시설, 남북

교류 행사가 열렸던 건물 등 오랫동안 사용하지 않아 낡았지만 철거하기엔 너무 아깝게 보이더군요.

금강산 관광은 김정일 위원장이 군부의 반대에도 불구하고 추진했던 남북협력 사업이었는데, 자신의 아버지가 했던 사업을 뒤엎는 이례적인 모습이었습니다. 그만큼 관광시설 철거는 남한에 보내는 모종의 경고 메시지였습니다. 그 당시 2차 북미정상회담이 결렬되고 남한에 실망한 북한은 남한이 소규모 경제협력으로 뭔가를 해보려는 것에 불편한 심기를 표출했던 것입니다.

2020년 6월 북한의 남북공동연락사무소 폭파도 그랬습니다. 2018년 문재인 대통령과 김정은 위원장의 1차 남북정상회담 판문점 선언으로 개성에 남북교섭을 위해 세운 건물이었는데, 폭약으로 한순간에 없애버렸죠. 남한 내 반북단체의 대북전단지(삐라)를 남한 정부가 막지 않은 것에 대한 북한의 보복으로 알려졌지만, 아무리 그래도 그렇지 멀쩡한 건물을 폭파하다니요.

살다 보면 과거에 놓친 기회를 현재 아쉬워하는 경우가 많습니다. 금강산 관광이 딱 그렇습니다. 10년간 남한 사람 200여만 명이 다녀왔던 금강산은 가고 싶어도 이제 가지 못하는 상황이니까요.

전 아직도 금강산에 갈 때 배가 아닌 버스로 갔던 첫 순간을 잊지 못합니다. 대학교 4학년 M.T. 때 배를 타고 금강산을 다녀왔는데, 졸업 후 근무차 금강산에 가야 할 상황이 생겼었거든요. 그런데 바다가 아닌 땅으로 간다는 얘기를 듣고 깜짝 놀랐습니다.

배를 타고 가면 시간과 돈이 많이 들어 언젠가 육로로 갈 수 있을 거라고 느꼈고, 남북관계가 훨씬 좋아지면 가능할 거로 생각했었거든요. 그런데 그런 날이 불쑥 찾아왔고, 심지어 우리 일행이 육로로 가는 첫 손님이었습니다. 북한으로 가기 전날 얼마나 긴장이 되었던지 잠을 설쳤던 기억이 납니다.

그리고 아침이 되어 버스를 타고 이동했는데, 얼마 안 지나 남한 군사분계선 표식이 보였습니다. 시간이 조금 더 지나자 버스 안에 있던 현대 아산 직원이 "방금 삼팔선을 지났습니다"라고 얘기를 했을 때 머리가 쿵 했습니다. 버스가 조금 더 가니 북한 군사분계선이 나왔고 총을 들고 우리를 노려보고 있는 북한 군인들의 모습이 보였습니다.

우리 일행은 사전교육을 받은 대로 사진기는 내려놓고 그저 곁눈질로 창밖을 쳐다봤습니다. 그리고 30분 정도 더 가서 버스는 금강산 온정각에 도착했고 '이렇게 쉽게 지나갈 수 있는 곳이었어?'라는 생각이 며칠간 제 머릿속에서 사라지지 않았습니다. 저는 군 생활을 중부전선 DMZ 근처에서 했었기 때문에 과거 경험과 현실이 뒤죽박죽 섞여 헤쳐 나오는 데 시간이 좀 걸렸던 것 같습니다.

그만큼 통일은 소원이 아니라 현실이 되어가고 있음을 느꼈던 순간이었죠. 그렇게 남북관계는 과거 상상하지 못했던 것을 하나하나 밟아가면서 앞으로만 전진할 것으로 보였습니다.

그런데 그로부터 몇 년 후 여러 이유로 인해 남북관계는 흔들렸고

2003년 금강산 육로관광이 개시되어 남한에서 중국을 통하지 않고 곧바로 북한을 방문할 수 있는 길이 열렸다. 그러나 2008년 남한의 한 여성 관광객이 북한 인민군에 의해 피살된 이후 금강산 관광이 중단되었고, 2016년 2월 개성공단 전면 가동중단으로 통행이 중단되었다.

금강산 관광과 개성공단이 중단되었습니다. 그때는 '남북관계가 이렇게 쉽게 무너질 수 있는 것이었어?'라는 생각이 들었지요. 남북관계는 그렇게 평행선을 타고 가다 2018년 '평창동계올림픽'을 통해 다시 회복되는가 싶었습니다.

북한 김정은 위원장 취임 이후 첫 남북정상회담과 역사상 최초의 북미정상회담까지 열렸으니까요. 그러나 잠깐 불어온 훈풍은 날아가 버렸고, 2022년 남북관계는 오히려 2000년 남북정상회담 전보다 더 어려운 상황입니다.

한민족 그 누구도 원하지 않았던 분단

남한과 북한이 분단되지 않았더라면 애초에 남북 갈등이 없었고, 그 어렵다는 통일을 고민할 필요도 없을 것입니다. 반만년 역사에 삼국시대, 고려와 발해시대를 제외하고 한반도는 하나의 국가가 있었습니다.

한반도 분단은 한 번에 결정된 것이 아니었습니다. 소련군과 미군의 한반도 진입, 미소공동위원회 결렬, 남북 정부 수립 3단계 과정을 거쳐 분단이 확정되었습니다.

한반도 분단의 씨앗은 일제강점기에 뿌려졌습니다. 일본제국은 조선을 강제 병합하였고, 2차 세계대전을 통해 아시아 전역을 손아귀에 넣으려고 했습니다. 2차 세계대전이 거의 끝나갈 무렵인 1945년 8월 9일 소련군이 이북 지역을 통해 한반도에 진입하였습니다.

한 가지 신기한 것은, 그 당시 소련군이 한반도 전체를 점령할 의도가 있었다면 충분히 그러고도 남을 상황이었는데, 미국이 38선을 기점으로 북쪽은 소련, 남쪽은 미국이 분할 통치하는 제안을 하였을 때 쾌히 수락하였다는 것입니다. 만약 소련이 그 제안을 받아들이지 않고 서울, 부산까지 진군하였다면 한반도는 분단되지 않았겠지만, 현재의 남한도 북한과 같은 모습일 것입니다.

그 당시 한반도에 가장 가까이 있던 미군은 일본 오키나와에 있었습니다. 미군은 소련군보다 한 달 늦은 9월 8일 인천을 통해 들어왔습니다. 이때가 1단계 분단이었습니다.

미국과 소련은 일본제국의 식민지였던 한반도를 해방하고 독립 국가로 출발하기 전까지 신탁통치를 실시하기로 하였습니다. 이와 함께 '미소공동위원회'를 개최해 임시정부를 수립하기로 하였습니다. 그런데 문제는 미국과 소련이 한반도에 기대했던 독립국가의 모습이 달랐습니다. 미국은 한반도를 자신과 같은 자본주의, 자유민주주의 국가가 되기를 바랐고, 소련은 공산주의, 전체주의 국가가 되기를 바랐습니다.

2차 세계대전에서 동맹국이었지만 그 후 갈라설 것을 예상했던 두 나라였기에, 한반도에는 자신들의 위성국가가 세워지기를 바랐던 것이죠. 그래서 이남 지역은 미국의 체제가, 이북 지역은 소련의 체제가 이식되었습니다.

속도는 소련이 빨랐습니다. 미국보다 한 달 먼저 들어왔기 때문이 아니라 한민족에게 공산주의가 주는 매력이 컸습니다. 특히 지주로부터 땅을 몰수해서 모두에게 나눠 준다는 얘기에 공산주의를 잘 몰라도 무조건 지지하게 만들었습니다.

한 번도 자신의 땅을 가져본 적 없는 대다수 사람에게 공산주의는 유토피아이자 천국으로 보였습니다. 실제로 이북 지역은 1946년 3월 '토지개혁'이 단행되었고, 외견상 각자 땅을 소유하게 되었습니다.

미군정 공보부, 조선신문기자회가 서울에서 설문조사한 결과를 보면 이남 지역 사람들도 비슷했습니다. 선호하는 경제 제도는 자본주의 13%, 사회주의 70%, 공산주의 10%, 기권 7%가 나왔고 토지개혁 방식은 이북 지역과 같은 무상몰수·무상분배가 68%였습니다.

국호는 조선민주주의인민공화국 70%, 대한민국 24%, 정권 형태는 인민위원회 71%, 종래 제도 14%였습니다. 평양이 아닌 서울에서 조사한 결과였습니다. 소련은 미국이 손을 떼면 이남 지역도 시간의 문제일 뿐 곧 이북 지역처럼 될 것으로 확신했습니다.

미국과 소련은 1946년 초부터 1947년 말까지 개최했던 '미소공동위원회'에서 사사건건 부딪쳤고 소련 대표단이 철수하면서 결렬되었습니다. 이때가 2단계 분단이었습니다.

소련은 한민족 스스로 임시정부 수립을 하게 하면 한반도 권력은 김일성으로 모아질 것으로 예상했습니다. 그러나 1948년 초부터 이남 지역 사람들의 공산주의에 대한 여론이 악화하기 시작했습니다. 김일성이 너무 욕심을 부렸던 것이 탈이 났습니다. 성급하게 토지개혁, 산업의 국유화 같은 공산주의 정책을 강행한 것에 대한 부작용이 생겼고 이를 피해 도망친 지주, 자본가들의 비판이 빗발쳤습니다.

게다가 신탁통치 받는 것에 반대했던 이남의 공산주의 세력들이 갑자기 찬성으로 돌아가자 소련과 공산주의를 믿을 수 없다는 이남 여론이 확산하였습니다. 결국 한반도 통합 임시정부가 출발하기 어려운 상황이라면 이남 지역만의 정부라도 세우자고 의견을 모았고,

그해 유엔 감시하에 5월 총선거가 실행되었습니다.

이북 지역의 총선거는 소련의 반대로 이뤄지지 않아 8월 15일 대한민국 정부가 수립되었고 이승만 대통령이 취임하였습니다. 이에 뒤질세라 김일성은 소련의 지원을 받아 9월 9일 조선민주주의인민공화국을 세웠고 본인이 최고지도자로 올라섰습니다.

한반도 이남에 대한민국, 이북에 조선민주주의인민공화국 2개의 정부가 세워짐으로써 3단계 분단이 시작되었습니다.

분단의 확정 한국전쟁

광복 후 이북 지역 최고 권력자로 등극했던 김일성은 이남 지역까지 손아귀에 쥐려고 했습니다. 그는 소련을 등에 업고 정치적으로 한반도 전체를 공산화하는 데 거의 성공할 뻔했지만, 1948년 남한 단독 정부가 세워지면서 수포로 돌아갔습니다.

그러나 김일성은 포기하지 않고 남한을 무력으로 점령하겠다는 생각을 가졌습니다. 그런데 혼자 힘만으로는 어렵다는 것을 잘 알고 있었기 때문에 소련 최고지도자 스탈린을 끊임없이 설득했습니다. 하지만 스탈린은 매번 거절하였습니다. 때가 아니라는 거였죠.

그런데 1950년 초 변화가 오기 시작했습니다. 주한미군이 철수한 것입니다. 스탈린은 한반도에서 미국과 부딪치는 것을 극도로 경계하였는데 미군이 알아서 나가준 것입니다. 그 당시 전 세계 유일한 핵무기 보유 국가를 건드리는 것은 엄청난 위험부담이 있는 건데 알아서 사라졌습니다. 광복 후 역사상 주한미군이 남한에 주둔하지 않았던 기간이 1년 있는데, 그때가 바로 1949년에서 1950년 사이죠.

그리고 얼마 안 있어 소련 과학자들도 핵무기 개발에 성공했습니다. 소련도 핵무기를 갖게 되었다는 것은 미국도 소련을 함부로 대할 수 없게 되었다는 것이죠.

그리고 김일성에게 또 한 가지 좋은 소식이 들려왔습니다. 중국에서 공산주의 혁명이 성공한 것이었습니다. 김일성 입장에서는 소련만이 아니라 중국이라는 커다란 우군을 얻게 되었습니다. 특히 김일성은 중국 공산당과 함께 일본에 대항하여 싸운 경험이 있었기에 향후 중국이 큰 도움을 줄 것으로 믿었습니다.

이렇게 김일성이 전쟁을 일으키면 승리할 수 있는 환경이 성숙되면서 1950년 전쟁 준비에 박차를 가했습니다. 이에 반해 남한은 식량부족을 비롯한 경제적인 어려움과 여순사건 같은 공산주의 세력들의 폭동으로 혼란을 거듭하고 있었죠. 전쟁을 일으키면 남한은 제대로 된 방어조차 하기 어려워 보였습니다. 김일성은 한반도 장마가 시작하는 7월 중순 전에 적화통일을 끝내기 위해 6월을 선택하여 전쟁을 감행하였습니다.

김일성은 서울을 3일 만에 점령하였고, 3개월이 안 된 시점에 부산을 제외한 한반도 전체를 지배하였습니다. 이렇게 한반도는 김일성 수중으로 넘어가는가 싶었을 때 미국을 포함해 유엔 16개국이 기적처럼 참전하게 되었습니다. 9월에 맥아더 장군의 인천상륙작전이 성공하면서 전세는 완전히 역전되었습니다.

국군과 유엔군은 10월 말 압록강까지 진격함으로써 김일성을 쫓아냈고, 잠시 분단되었던 한반도가 자유민주주의 국가로 통일될 것으로 보였습니다. 그러나 중국의 참전으로 국군과 유엔군은 대전까지 후퇴하였습니다. 1951년 봄부터 현재의 휴전선을 놓고 대치하였고, 2년 후 정전협정을 맺기 전까지 일진일퇴의 공방을 펼쳤습니다.

한국전쟁으로 남한과 북한은 분단이 확정되었고, 서로에 대한 증오심을 갖고 대결의 역사에 들어갔습니다. 인류 역사에 같은 민족끼리 전쟁을 하는 경우가 간혹 있긴 하지만 한국전쟁처럼 참혹하게 서로를 죽이는 전쟁은 없었습니다.

형과 동생이, 같은 동네 사람들끼리 총부리를 겨누었을 정도이니 너무나 잔인한 전쟁이었습니다. 사망자 중 꽤 많은 숫자가 인민재판이나 사상 검증으로 민간인들 간 충돌에서 빚어졌다는 점에서 지구상 최악의 전쟁이었습니다.

한국전쟁이 남긴 것

모든 전쟁은 상처가 있고 아픔이 있습니다. 하지만 역사상 어떤 전쟁과 비교해도 한국전쟁은 후유증이 너무나 컸습니다. 한국전쟁은 1, 2차 세계대전을 제외하면 20세기 지구상에 벌어진 전쟁 중 사상자가 가장 많은 전쟁이었습니다. 국군 62여만 명, 유엔군 16만 명, 총 78여만 명이 전사하거나 부상·실종되었고, 북한 인민군도 60만 명 이상 피해를 입었습니다. 또 100만 명의 가까운 남한 내 민간인이 학살을 당하거나 부상·실종되었고요. 전쟁 후 분단이 확정되어 이산가족이 1,000만 명이었는데 그 당시 인구가 3,000만 명이었으니 그 당시 가정 해체가 어느 정도 수준이었는지 가늠할 수 있습니다.

2차 세계대전은 배의 함포나 땅의 대포를 통해 적을 공격했는데 한국전쟁은 비행기가 그 역할을 도맡았습니다. 비행기는 함포나 대포가 닿지 못하는 곳도 상관없이 어디든 공격할 수 있었습니다. 유엔군은 공군이 우세했으니 북한 땅이 주로 공격을 받았을 것으로 생각하기 쉬운데 그렇지 않았습니다. 한국전쟁 초기에 부산을 제외한 남한 지역 전체를 점령했던 북한군을 몰아내기 위한 공습으로 북한

한국전쟁에서 국군과 유엔군의 피해

만이 아닌 남한도 형태가 온전히 남은 건물이 없었습니다.

국토의 황폐화만큼 한민족이 겪은 아픔도 컸습니다. 공산주의가 도대체 뭐길래 한 형제끼리 총부리를 겨누고 친인척, 동네 사람들이 갈라져야 했는지 모두가 큰 상처를 얻게 되었습니다. 특히 전쟁을 일으킨 김일성과 북한에 대한 증오심은 쉽게 사라질 수 없었습니다. 현재 우리의 소원인 통일을 염원하면서도 철천지원수인 북한과 다시 하나 된다는 것에 거부감이 큰 이유가 바로 한국전쟁 때문입니다.

그리고 한국전쟁은 남북한 정치를 민주주의가 아닌 독재가 판을 칠 수 있는 환경을 만들었습니다. 정전 직후 남한과 북한은 '선 건설, 후 통일'이 국가 과제가 되었습니다. 전쟁을 일으켰던 김일성만이 아니라 이승만 대통령도 통일하지 못한 아쉬움이 컸습니다. 오죽하면 이승만 대통령은 한국전쟁 중 북진 통일을 하기 전까지 어떠한 휴전은 없다 하면서 미국 요청을 거부하고 정전협정에 서명을 안 했을까요.

결국 남한과 북한은 휴전 상태에서 상대보다 빨리 힘을 키워 무력을 사용해서라도 통일해야 한다는 생각을 가졌습니다. 조금이라도 지체하면 상대에게 흡수된다는 공포심을 전 국민에게 확산시켰습니다. 비상시기이기에 최고 권력자에게 무조건 복종해야 했고 그렇지 않은 언행은 이적행위로 처단했습니다.

김일성은 이승만 대통령보다 이 분야에서 월등하게 앞서갔습니다. 북한은 전체주의, 공산주의라는 점에서 남한과 비교할 수 없는 수준의 독재를 일삼았습니다.

김일성은 전쟁이 끝나자마자 한국전쟁 실패의 책임을 자신의 정적이었던 박헌영 부수상에 뒤집어씌웠습니다. 전쟁을 일으킨 사람은 김일성 자신이었는데, 자신과 맞서는 사람들을 전쟁 패배의 책임을 물어 하나씩 제거했습니다. 특히 전후 복구, 경제개발 노선에 있어서 김일성과 경쟁자들은 심각하게 대립하며 유일독재체제를 구축해 나갔습니다.

김일성은 중공업을 우선시했고, 경쟁자들은 북한 주민 생활에 직접 영향을 주는 경공업에 집중하자고 주장했거든요. 게다가 이 경쟁자들은 소련이나 중국과 깊은 인연이 있는 사람들이라 무조건 처형하기도 어려웠습니다.

그러다 1956년에 북한의 처음이자 마지막인 쿠데타 '8월 종파사건'이 벌어졌습니다. 김일성이 소련과 동유럽 순방으로 자리를 비운 사이에 당 회의에서 김일성의 독재에 대한 경쟁자들의 비판이 공개적으로 표출되었던 거죠.

결국 김일성 세력이 나서서 수습하였고, 김일성도 급히 귀국하여 경쟁자들의 권력을 빼앗았습니다. 그리고 독재를 넘어 자신을 숭배하게 하는 신격화 작업을 본격적으로 실행하였고, 1970년대부터 북한은 김일성 주석의 국가가 되었습니다.

이와 반대로 남한 이승만 대통령의 독재는 오래가지 못했습니다.

사실 이승만 대통령은 남한 단독 정부 출범, 한미상호방위조약 체결 같은 현재의 대한민국이 존립할 수 있는 기반을 만들었다는 점에서 초대 대통령으로서 업적이 많았습니다. 그러나 독재자로서 장기 집권을 위한 개헌(사사오입 개헌)과 1960년 3월 15일 부정선거로 인해 대통령 사퇴와 하와이로 망명을 하였습니다.

이승만 대통령 사퇴 이후 남한은 혼란을 거듭하다 1961년 5·16 군사 쿠데타가 발생했습니다. 성공한 쿠데타로 인해 새로운 정부가 출범하였고, 박정희 대통령이 취임하였고 1979년까지 독재자로 장기 집권을 하였습니다.

박정희 대통령 역시 '눈부신 경제성장'을 비롯한 업적이 많았지만, 부정선거와 야당 지도자 탄압과 납치 등 민주주의를 훼손하였고, 이를 보다 못한 측근으로부터 총을 맞아 사망하였습니다. 갑작스러운 박정희 대통령의 서거로 또다시 남한은 혼란에 빠졌습니다.

그 혼란을 틈타 1980년 다시 군사반란이 일어났고, 이를 통해 전두환 대통령이 취임하였습니다. 전두환 대통령 역시 독재자의 길을 걸었지만 8년 임기를 마치고 대통령 직선제를 받아들여 차기 노태우 대통령에게 권력을 이양함으로써 남한 대통령의 독재 역사는 마치게 되었습니다.

통일 주도권을 갖기 위한 싸움

한국전쟁 직후 남북한 모두 절대적인 빈곤 상태에 있었습니다. 굶어 죽는 사람이 나왔고 영양실조에 걸린 사람은 부지기수였습니다. 다행히 남한은 미국이, 북한은 소련과 중국이 식량과 생필품을 지원해 1960년부터 최악의 상황을 면했습니다.

전쟁을 경험한 나라는 전후 복구에 매진하는데, 남한과 북한은 열심히 하는 것으론 부족했습니다. 무조건 상대보다 빨리 경제발전을 해야 했고, 이를 통해 군사력을 키워야 했습니다. 혹자는 남한의 폭발적인 경제발전은 오히려 북한이 있었기에 가능했다고 얘기하는데 이런 점에서 일리가 있는 말입니다.

그러나 처음 속도는 북한이 빨랐습니다. 지하자원이 많고 소련과 중국이 거리상 가까워 원조를 받는 것도 원활했습니다. 남한은 여러모로 불리했지만 1960년대 중반 한일협정을 맺고 일본으로부터 자금과 기술을 받아 1970년대 중반부터 북한을 따라잡기 시작했습니다.

국제무대에서도 남북한은 사사건건 부딪쳤습니다. 미국과 소련의 양대 진영으로 재편된 국제사회에서 한국전쟁과 한반도 분단의 책임 소재를 갖고 싸웠습니다. 그리고 이를 해결하기 위한 통일은 어떤 방법으로 할 것인지 남북한 서로 자신에게 이로운 통일방안을 제시했습니다.

1970년대 중반부터 북한을 뛰어넘은 남한의 경제.

1960년대까지 남한은 '남북자유총선거론', 북한은 '남북협상론' 등을 제시했는데 '선 건설, 후 통일'처럼 간단한 개념이었습니다. 게다가 겉으로는 총선거와 협상을 얘기했지만, 속으로는 무력통일을 배제하지 않았습니다.

그런데 국제 정세는 1970년대 들어와 요동쳤습니다. 영원한 친구일 것 같았던 소련과 중국의 갈등이 심각해져 영토분쟁 상황까지 간 것입니다. 소련 스탈린 사후 집권한 순간부터 흐루쇼프는 중국 마오쩌둥과 마찰이 있었고 시간이 갈수록 커졌던 것이죠.

이와 반대로 미국과 중국은 가까워졌습니다. 일명 '핑퐁외교'라고 1971년 미국의 탁구 선수단이 중국을 순회하며 경기를 하였습니다. 미국과 중국은 한국전쟁에서 교전한 것 빼고 교류가 전혀 없었기에 미국 선수단은 중국을 공식 방문한 최초의 미국인이었습니다. 이런 상황에서 남북한 모두는 통일방안의 중요성을 인식하게 되었습니다.

사실 1950년대만 하더라도 남북한 모두 분단이 이렇게 오래갈 것으로 생각하지 않았습니다. 특히 북한 김일성 주석이 그랬습니다. 남한 경제는 바닥에 있었고, 정치는 복잡했고, 사회는 혼란했으니 간첩을 보내 무너뜨리거나 전쟁을 다시 일으켜 무력통일을 할 수 있겠다고 생각했습니다. 남한은 남한대로 북한이 쳐들어오면 다시 북진해서 끝장내겠다고 마음을 먹었습니다.

지금 생각해 보면 가당치 않은 일이지만 그때는 남북한 모두 그런 망상을 하고 있었기에 통일방안은 실용성 없는 장식품이었습니다. 그런데 미국과 중국이 가까워지고, 소련과 중국이 멀어지는 상황이 벌어지자 무력통일은 물 건너 가버린 형국이 되었던 것이죠.

북한에게는 간첩을 남한에 보내 한미관계를 이간질해서 주한미군을 철수시킨 후 소련과 중국의 도움을 받아 남한을 침공하는 것이 가장 이상적인 시나리오였는데 어렵게 되었으니까요. 결국 남북한은 통일이 무력으로 될 수 없고, 단기전이 아니라 장기전이라는 것을 받아들였습니다. 남은 것은 자신에게 유리한 통일방안을 만들어 남북협상을 통해 확정짓는 것이었습니다.

남한의 연합제, 북한의 연방제

1970년대부터 구체화되었던 남북한 통일방안을 간단히 정리하면 남한은 연합제, 북한은 연방제였습니다. 남한이 초기에 주장했던 연합제와 현 정부의 연합제는 구체적인 부분에서는 차이가 있겠지만 통일을 단계적으로 하자는 것이 핵심 골자입니다.

반대로 북한의 연방제도 시기별 차이가 있지만, 말 그대로 한 방에 통일하자는 것입니다. 연합제와 연방제를 쉽게 이해하려면 비슷한 사례로 유럽연합과 미국연방이 있습니다.

유럽은 1, 2차 세계대전을 겪을 정도로 각 국가 간 갈등이 심했던

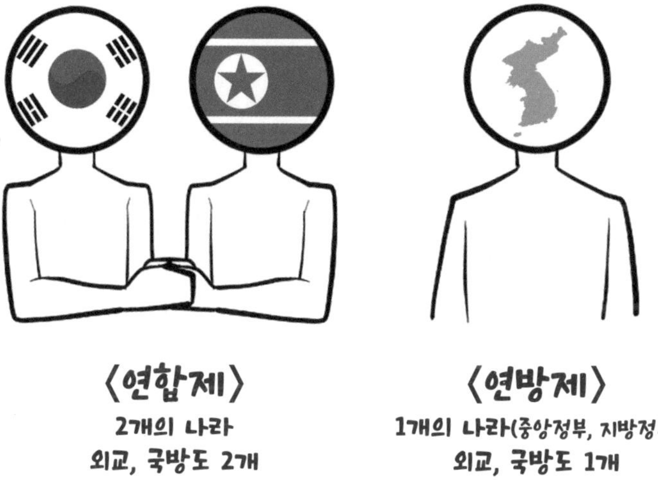

남한이 주장하는 연합제와 북한이 주장하는 연방제의 차이

지역이었습니다. 그런 유럽지역을 사람, 상품, 자본, 서비스 등을 자유롭게 이동할 수 있는 단일시장으로 발전시킨 것이 바로 유럽연합입니다.

1950년대 석탄과 철광석 채굴을 위한 프랑스와 서독 간 협력이 현재 유럽연합으로 발전해 유럽 국가 대부분의 경제적 협력을 넘어 정치적 협력까지 확대되고 있는 것이죠. 그렇다고 각 국가의 고유한 권한까지 합쳐지는 것은 아닙니다. 각 국가의 군사권, 외교권은 그대로 갖고 있습니다.

미국은 18세기 영국과 전쟁에서 승리한 후 독립했고, 그 후 현재의 국토를 갖기까지 인디언 원주민과 유럽 식민지 정부와 수많은 전쟁을 하였습니다. 미국 51개 주는 그런 과정을 통해 병합되었고, 각 주의 고유한 권한은 있지만 군사권과 외교권은 연방정부만 갖게 되었습니다.

남한의 연합제는 유럽연합과 비슷하게 화해협력, 남북연합, 통일국가 완성이라는 3단계를 거쳐 1민족 1국가 1체제 1정부로 가자는 것입니다. 유럽은 하나의 민족만 있는 것이 아니기에 남한의 연합제를 적용하는 것은 무리가 있지만, 단계적으로 공통점을 확대하자는 의미는 같습니다.

북한의 연방제는 남북 정치 지도자들이 통일의 의지만 있다면 당장 연방을 구성하되 1민족 1국가 2체제 2정부가 목표입니다. 미국연방은 1체제 1정부이기에 북한의 연방제와 다르지만, 군사권과 외교권을 연방정부만 갖게 된다는 점에서 비슷합니다.

어떤 통일방안이 더 합리적이냐를 떠나 남한은 연합제를, 북한은 연방제를 주장하는 이유가 있습니다. 연합제는 상대적으로 힘이 약한 입장에서 선택하기 쉽습니다. 힘이 강해질 수 있는 시간을 벌어야 하니까요. 3단계를 설정하여 다음 단계로 가는 데 조금이라도 걱정이 되면 멈출 수 있습니다. '얼음 땡' 놀이처럼 계속 얼음만 하고 있으면 됩니다.

반대로 힘이 강한 상태에서는 연방제를 선택합니다. 힘이 약한 상대가 안심할 수 있는 연방이라는 울타리에 가두어 놓기만 하면 연방정부를 장악하거나 무력으로 공격을 해서 흡수통일할 수 있는 딱 좋은 제도입니다.

북한이 연방제를 제안할 때 선제 조건이 '주한미군 철수'였던 것은 다 이유가 있었습니다. 연방제 진행 중에 북한이 다시 남한을 침공하였다면, 국가 간 전쟁이 아니라 내전이기 때문에 철수했던 미군이 6·25전쟁처럼 다시 개입하기 어려웠을 것입니다.

남한의 연합제는 1990년대 중반 '민족공동체 통일방안'으로 정립되었고, 북한의 연방제는 1980년대 '고려민주연방공화국 창립방안'으로 정립되어 양 제도는 시대와 상황에 맞추어 변화하고 있습니다. 2000년 6·15정상회담 때 '연합제와 낮은 단계의 연방제'가 공통점이 있다고 할 정도였으니까, 특히 북한의 고민이 엿보입니다.

원래 연방제란 지역 정부에 있는 군사, 외교권을 연방정부에 이관

하는 것이 핵심인데, 북한이 오히려 낮은 단계를 설정해서 이를 포기했다는 것은 역으로 남한에 흡수통일될 수 있다는 걱정을 했기 때문입니다.

남북대화의 출발, 중단과 전진

남북한 대화는 1970년대 들어 시작했습니다. 한국전쟁이 끝난 지 거의 20년이 지난 시점이었습니다. 20년 동안 북한은 남한을 무너트리려고 이런저런 노력을 했었습니다. 남한에 간첩을 보내 남한 내 공산주의자들과 단합해서 사회 혼란을 일으켰습니다. 여러 차례 무장공비를 보냈고, 특히 1968년에는 청와대 습격을 시도했습니다.

북한의 이러한 시도는 모두 실패로 돌아갔습니다. 게다가 국제 정세가 바뀌어 소련과 중국도 한반도 무력통일 시도를 원하지 않기에 작전을 바꿀 수밖에 없었습니다. 마침 1971년 남한 적십자는 이산가족 문제 해결을 위해 북한에 회담을 제안했습니다.

이렇게 성사된 남북대화는 급물살을 탔고 '7·4남북공동성명'이 발표되었습니다. 20년 동안 대화 없이 반목했던 남북한이 어느 날 만나 1년 만에 공동성명을 발표한 것은 일대 사건이었습니다. '자주, 평화, 민족 대단결' 3대 통일원칙, 남북 적십자 회담, 서울과 평양을 연결하는 상설 직통전화, 남북조절위원회 구성까지 합의했으니 세상이 진짜 바뀌었다고 생각하게 되었습니다.

그러나 이 훈풍은 오래가지 않았습니다. 1974년 11월 경기도 연천군에서 북한이 만든 땅굴을 발견했기 때문입니다. 얼마 전까지만 하더라도 통일을 얘기하던 북한이 몰래 전쟁을 준비하고 있었다는 것에 남한 주민들은 소름이 돋았습니다. 북한은 겉으로는 대화에 응하면서 속으로는 만반의 전쟁을 준비하는 위장 평화공세를 펼친 것이었지요.

참고로 북한 제2 땅굴은 1975년 3월, 제3 땅굴은 1978년 10월, 제4 땅굴은 1990년 3월에 차례로 발견되었습니다. 이 땅굴들의 규모는 1시간에 3만여 명의 무장병력이 이동할 수 있는 정도였습니다.

이뿐만 아니라 북한은 1976년 8월 판문점 도끼 만행 사건 등 계속해서 남한에 무력 도발을 일삼았고, 남북대화는 오랫동안 중단되었습니다. 그 후 1979년 다시 몇 차례 진행되었지만, 1983년 북한이 미얀마를 방문 중이던 전두환 대통령 일행을 대상으로 테러를 저지른 '아웅산 폭탄 테러'로 남북관계는 다시 경색되었고, 그렇게 또 시간이 흘러갔습니다.

그러던 중 남한이 전혀 예상하지 못한 상황이 발생했습니다. 1984년 남한에 큰 홍수피해가 나자 북한이 구호물자를 제공하겠다고 나선 것이었습니다. 북한이 남한을 도와준다니 지금 기준으로는 상상조차 할 수 없는 일이죠.

그리고 실제 북한의 구호물품이 남한에 도착했고, 이를 계기로 1985년 남북대화의 물꼬가 다시 트였습니다. 그 결과 분단 역사상 최초로 이산가족 상봉이 실현되었습니다. 남한 주민 50명이 평양에, 북한 주민 50명이 서울에 도착해서 상봉하였고, 예술공연단이 함께 가서 축하하였습니다.

그 후 1987년 바그다드에서 서울로 가던 대한항공 여객기가 북한 공작원에 의해 폭파되는 일이 발생하여 또다시 남북대화는 중단되었다가, 1988년 취임한 노태우 대통령의 북방외교의 영향으로 남북대화는 1990년대 본격적인 궤도에 올라가게 되었습니다.

1990년 9월 한국과 소련의 수교, 1991년 8월 남북한 유엔 동시 가입, 1992년 8월 한국과 중국의 수교로 북한은 전처럼 남한에 무력 도발을 하기 어려워졌습니다. 1990년대 초 불거진 북핵 문제 해결을 위해 1991년 12월 남북 고위급회담이 열렸고 '남북기본합의서'에 조인하였습니다.

남북기본합의서는 '남북화해', '남북 불가침', '남북 교류 협력'에 대해 구체적인 내용이 담겼기에 후에도 남북관계 발전의 교과서와 같은 역할을 계속하고 있습니다. 연이어 남북은 '한반도 비핵화 공동선언'을 합의하였고, 1994년 김일성 주석 사망 이후에도 남북대화는 멈추지 않았습니다.

최초의 남북정상회담과 그 후

1998년 김대중 대통령 취임은 남북관계를 한층 더 끌어올리는 계기가 되었습니다. 김대중 대통령은 오래전부터 북한에 대한 이해와 통일방안에 조예가 깊어 정치 탄압을 받기도 했었습니다. 이를 극복하고 대통령이 되었기에 북한도 역대 남한 대통령보다 더 적극적으로 대화에 나서지 않겠나라는 예상이 따랐습니다.

김대중 대통령도 남북관계에 의욕을 갖고 취임 초기부터 '햇볕정책'으로 상징되는 대북화해협력 정책을 펼쳤습니다. 이 흐름을 타고 현대 정주영 회장은 소 1,001마리를 몰고 방북하면서 세계를 놀라게 하였습니다. 바로 이어서 11월 '금강산 관광'이 열리면서 남한 주민이 북한을 방문할 수 있는 새로운 시대에 들어가게 되었습니다.

그러나 1999년 6월 서해에서 남북 해군 간 교전이 발생해 남북관계는 다시 안개 속으로 들어가게 되었습니다. 다행히 한 달 후 남북관계는 연평해전 전으로 돌아갔고, 김대중 대통령은 2000년 신년사와 '베를린선언'을 통해 남북관계 개선을 강력하게 호소했습니다.

이에 북한도 움직여 그해 4월 남북정상회담을 합의하였고 6월 13일 역사상 최초로 평양에서 남북정상회담이 열렸습니다. 김대중 대통령과 김정일 위원장은 '6·15공동선언'을 직접 서명해서 발표하였습니다. 그 전 '7·4남북공동성명'이나 '남북기본합의서'는 남북 최고 지도자가 서명하지 않았었는데, 2000년 남북정상회담은 역사적인 최초의 순간을 많이 만들었습니다.

2000년 남북정상회담은 그 후 10년 동안 남북관계를 한 번도 경험해 보지 못했던 단계로 끌어올렸습니다. 정치, 경제, 사회, 문화,

'6·15 남북공동선언'을 공식 발표한 후 평양을 떠나기 전에 금성거리에서
시민들의 환송을 받고 있는 김대중 대통령(2000.6.15, 북한 평양) ©김대중도서관

종교, 언론, 모든 분야의 남북 교류가 진행되었습니다. 바다로 갔던 금강산 관광이 육로로 바뀌었고, 남북 직항로를 이용한 통일그룹의 평양 관광이 실행되었고, 개성공단이 열렸습니다.

남한 주민이 북한에 가는 일방향 교류에서 북한 주민이 남한에 오는 양방향 교류가 시작되기도 했습니다. 물론 일반 북한 주민이 아니라 특수계층이었지만 회담 목적 외 방문의 물꼬를 튼 것은 큰 의미가 있었죠.

2002년 부산아시안게임에 첫 북한 응원단이 왔었고 2003년, 2005년에도 방문했습니다. 특히 2005년 인천 아시아육상경기선수권대회 북한 응원단 중 김정은 위원장의 아내인 이설주도 참석했습니다.

그해 남한 가수 이효리와 북한 가수 조명애가 삼성 휴대전화 광고를 찍기도 할 정도였으니 남북관계는 거칠 것이 없었습니다. 2007년 노무현 대통령과 김정일 위원장의 2차 남북정상회담을 하면서 남한 대통령과 북한 최고지도자 간 정상회담이 정례화되는 것으로 인식되었습니다.

그러나 2008년 취임한 이명박 대통령은 기존의 대북정책이 '북한 퍼주기'였다고 비판하며 '비핵 개방 3000'을 제시하였습니다. 2006년 북한 1차 핵실험을 비판하면서 북한이 핵무기를 만들지 않고 개방을 하면 10년 안에 1인당 국민소득 3,000달러 수준으로 도약할 수 있도록 지원하겠다는 것이 핵심 내용이었는데 북한은 거부하였습니다.

게다가 2009년 북한 2차 핵실험으로 남북관계가 어려워지고 있었는데, 거기에 더해 결정적인 사건이 발생했습니다. 2010년 3월 북한이 천안함을 어뢰로 공격하여 남한 해군 46명이 목숨을 잃은 것입니다. 이에 따라 남한 정부는 대북 지원과 남북 교역을 전면 중단하는 '5·24 조치'를 실행함으로써 남북관계는 완전히 단절되었습니다. 그해 9월 북한의 남한 연평도 포격으로 군인과 민간인 사망자까지 나와 개선될 수 있는 여지까지 사라져 버렸습니다.

10년 만에 재개된 남북정상회담과 현재

2013년 취임한 박근혜 대통령은 중단된 남북관계를 열 수 있는 기대를 받았습니다. 2002년 5월 방북해서 김정일 위원장과 4시간가량 면담을 했을 정도로 북한과 인연이 있었기 때문입니다.

그 당시 박근혜 대통령은 국회의원 신분이었기에 김정일 위원장과 만난다는 것 자체가 큰 사건이었습니다. 북한은 김정일 위원장의 전용기를 제공했고, 김대중 대통령이 묵었던 백화원 초대소의 같은 방을 내어줄 정도로 국가원수급의 융숭한 대접을 하였습니다.

'7·4남북공동성명'을 발표했던 시기의 박정희 대통령과 김일성 주석 2세들의 만남으로도 세간의 주목을 받았는데, 면담 이후 박근혜 의원이 제안했던 '국군포로 생사 확인'과 '남북 대표팀 축구대회'가 실제로 성사되었습니다.

그리고 북한의 변화는 더 컸습니다. 2011년 말 김정일 위원장이 사망하고 김정은 위원장이 북한 최고지도자가 되어 전면에 나서게 된 것입니다. 스위스 유학을 다녀왔고 아주 젊기에 남북관계에 새로운 변화를 주지 않겠느냐는 세간의 기대를 받았습니다. 물론 갑작스러운 권력 변화로 북한이 붕괴할 수 있다는 얘기도 함께 나왔고요.

2014년 신년사에 박근혜 대통령은 '통일은 대박'이라는 표현을 써서 국내외 뜨거운 반응을 얻었고 '5·24조치' 이후 전면 중단되었던 남북대화가 재개되었습니다. 2월 남북 고위급 접촉이 개최되었고, 뒤이어 이산가족 상봉 행사가 열렸습니다. 그해 9월 인천아시안게임에 북한 선수단이 참석했고, 2015년 '5·24조치' 이후 처음으로 북한에 비료를 지원했고 이산가족 상봉도 지속했습니다.

그러나 2016년 남북관계는 또다시 북한 핵실험에 발목을 잡혔습니다. 북한 3차 핵실험은 박근혜 대통령 취임 직후에 벌어졌기에 넘어갔지만, 새해가 된 지 얼마 안 된 시점에 4차 핵실험을 하자 남한은 강경책으로 선회하였습니다. 한 달 후 북한은 광명성 인공위성을 실은 로켓을 발사함으로써 남북관계는 다시 전면 중단되었습니다.

3차 핵실험에 이어 사거리 1만km가 넘는 대륙간탄도미사일(ICBM) 실험에 남한은 개성공단 가동 중단이라는 카드로 맞불을 놓았습니다. 2005년 가동 이후 롤러코스터 같은 남북관계에서도 건드리지 않았던 개성공단을 중단하겠다는 남한 정부의 긴급 발표에 모두 깜짝 놀랐습니다. 남한은 미국과 함께 유엔 안보리 역사상 가장 강력한 대북 제재안을 밀어붙여 통과시켰고 주한미군의 사드(고고도미사일방어체계) 배치를 결정하였습니다. 북한은 5차 핵실험과 미사일 추가 실험을 하였습니다.

박근혜 대통령 탄핵으로 2017년 5월 취임했던 문재인 대통령은 김대중, 노무현 대통령의 대북정책을 계승한다고 했지만, 이에 아랑곳하지 않고 북한은 그해 9월 6차 핵실험을 감행했습니다. 같은 해 취임했던 트럼프 대통령은 대북 선제공격으로 으름장을 놓았고, 김정은 위원장은 전면전을 준비하고 있다며 맞불을 놓아서 '한반도 전쟁위기설'이 퍼졌습니다.

문재인 대통령은 '한반도 운전자론'을 설파하면서 북한과 미국을 중재하였고, '2018 평창동계올림픽'을 통해 남북관계를 회생시켰습니다. 오랜만에 북한 선수단, 응원단이 남한에 방문하였고 11년 만인 2018년 4월 판문점에서 남북정상회담이 열렸습니다.

그리고 5월 문재인·김정은 2차 남북정상회담이 개성에서 열렸고, 6월 역사상 최초로 북미정상회담이 싱가포르에서 열렸으며, 다시 9월에 3차 남북정상회담이 평양에서 개최되어 2018년은 그야말로 남북관계의 봄이 다시 오는 시기였습니다.

그러나 2019년 2월 베트남에서 열린 2차 북미정상회담이 결렬되면서 남북관계는 한풀 꺾였습니다. 그해 6월 판문점에서 전격적으로 열린 3차 북미정상회담에서마저 결론이 나지 않았고, 2020년 말 트럼프 대통령의 재선 실패와 2021년 바이든 대통령 취임, 2022년 윤석열 대통령 취임으로 남북관계는 다시 새롭게 출발하게 되었습니다.

윤석열 대통령은 2022년 광복절 경축사에서 밝힌 '담대한 구상'을 통해 '비핵화'와 '경제지원'을 교환하자고 제안하였습니다. 북한은 호응하지 않았고, 10년 전 이명박 대통령의 '비핵 개방 3000'과 비슷한 반응을 보일 것으로 예상됩니다.

윤석열 대통령은 역대 대통령과 비교해 공식 석상에서 '북한'과 '통일'에 대한 언급을 거의 안 하고 있습니다. 북한 역시 신임 대통령에 대한 호기심이나 관심이 상대적으로 적습니다. 이것만 보더라도 향후 남북관계는 가까워지기보다는 멀어질 가능성이 큽니다.

다만 역대 미국 공화당 정부가 북한과 거리를 두었던 전통을 깨고 역사적인 첫 북미정상회담을 했던 것처럼, 윤석열 정부가 예상을 깨고 남북관계를 한 단계 발전시킬 가능성도 있지 않을까 기대를 해 봅니다. 더 나아가 2023년은 정전 70주년의 의미만이 아니라 종전 원년이 될 수 있는 기반을 만들 수 있다고 생각합니다.

이를 위해 남북협력의 상징인 개성공단이나 금강산 관광 재개, 비무장지대에 한반도 평화공원 조성 등 상대적으로 쉬운 일부터 차근차근 추진하는 것을 저는 강력하게 추천합니다.

에필로그

전쟁과 평화 사이

전쟁을 좋아하는 사람은 이 세상에 없습니다. 하지만 이 책에 나와 있는 것만 보더라도 전쟁을 일으킨 지도자는 많습니다. 푸틴 러시아 대통령은 우크라이나에 있는 러시아 사람들을 보호하기 위해 침공했다고 합니다. 조지 부시 미국 대통령은 '테러와의 전쟁'의 명목으로 아프가니스탄과 이라크를 침공했습니다.

물론 러시아와 미국의 전쟁이 같다고 얘기할 수는 없을 것입니다. 시기도 다르고 명분도 다릅니다. 그렇다고 러시아가 일으킨 전쟁은 무조건 나쁘고 미국의 전쟁은 그만한 이유가 있을 거라고 미화하는 것도 문제일 것입니다.

전쟁은 어떤 좋은 명분이 있다 하더라도 나쁩니다. 즉 좋은 전쟁은 없다는 거죠. 나쁜 전쟁과 좀 덜 나쁜 전쟁이 있을 뿐이죠. 문제는 나쁜 전쟁과 덜 나쁜 전쟁의 차이를 어떻게 구분할 것인가입니다. 좀 더 나아가 평화와 더 나은 평화의 차이를 생각해야 합니다.

사실 20세기에는 이 고민을 할 여유가 없었습니다. 배는 고프고 먹을 것이 별로 없었던 시절 반찬 투정을 할 이유가 없었듯이요. 우리가 사는 한반도는 60년 전만 하더라도 삼시 세끼 먹기 힘들었던 곳이었습니다. 그 상황에 올라온 반찬을 보고 칼로리가 높다느니, 머리카락이 떨어졌다느니 투정 부리는 사람은 없었습니다.

그러나 지금은 다릅니다. 여자의 90%는 자신이 뚱뚱하다고 생각한다고 합니다. 남자들까지 다이어트 열풍에 동참하고 있습니다. 사람들은 잘 먹지 않으려고 하고, 이왕 먹는 거라면 까다롭게 따지며 먹습니다. 맵고 짠맛만 보는 것이 아니라 트랜스지방, 식품첨가물, 칼로리까지 확인하며 건강한 웰빙(Well-being) 음식을 먹으려고 하죠.

20세기 인류는 전쟁의 끝판왕을 겪었습니다. 인간의 역사가 전쟁의 역사라는 말이 있지만 이렇게까지 광범위한 지역에 가공할 무기를 퍼부었던 적은 없습니다. 세계대전이 2차례나 발발했고 핵폭탄까지 사용했으니 더 말할 필요가 있겠습니까?

전쟁이 넘쳐났던 20세기는 반전(反戰)이 곧 평화였습니다. 전쟁을 안 하는 것만으로도 인류문명을 보존할 수 있고 그것만으로 만족했던 시기였습니다. 국가 간 전쟁만이 아니라 같은 나라 안에서도 평화세계는 분에 넘치는 이상적인 생각일 뿐이며 인종 학살, 종교 전쟁이 멈추지 않았습니다.

그러다 2차 세계대전이 끝나면서 큰 변화를 맞게 되었습니다. 제국주의 국가들은 자신들의 식민지의 족쇄를 풀어주었습니다. 제국주의 국가 간 싸움, 자유민주주의 확산, 식민지배의 어려움 등 그 어떤 이유 때문이었든 간에 약소국들은 근대국가로 출발하였습니다.

그리고 강대국과 약소국이 형식상 동등하게 참여하는 유엔(UN, 국제연합)이 본격적인 궤도에 올라갔습니다. 또 전 세계가 미국과 소련의 양대 진영으로 갈라져 냉전(冷戰)에 치닫게 된 것도 반전(反戰)에 긍정적인 영향을 주었습니다.

냉전(冷戰, cold war)은 열전(熱戰, hot war)이 아니었으니까요. 열전은 말 그대로 격렬한 실제 전쟁이 일어나는 것이고, 냉전은 갈등과 긴장이 뜨겁지만 직접적으로 무력을 사용하지 않고 경제, 외교, 정보 등의 수단으로 경쟁하는 전쟁을 말합니다. 이 시기 전쟁은 미국과 소련에 의해 통제가 되었고, 결과적으로 실제 뜨거운 전쟁은 줄었고 가상의 차가운 전쟁이 주를 이루었습니다.

20세기 말에 들어와 이 냉전마저 종식됨으로써 인류는 반전(反戰)만으로 만족하는 시대를 넘어서게 되었습니다. 전쟁이 완전히 사라진 것은 아니지만 반전을 넘어 평화에 대한 고민을 더 할 수 있게 되 거죠.

그 결과 평화는 반전에서 보편적 인권과 소수자 인권, 자유와 평등, 민주주의 가치 등이 충족되는 더 나은 평화가 있다는 것을 생각하게 되었습니다. 전쟁과 평화가 더 나쁜 전쟁, 더 나은 평화로 분화

되고 있으니 머리는 아프지만 우리는 더 발전하고 있는 것입니다.

더 나은 평화를 위한 제도

2015년 8월 세계적 국제정치학자이자 평화학 창시자인 요한 갈퉁 박사가 한국에 방문한 적이 있습니다. 갈등과 전쟁의 최전선인 한반도에 평화학 창시자가 왔다는 것만으로 시선을 끌었습니다. 세계일보와 진행한 대담에서 그는 21세기 세계평화를 위협하고 있는 요인을 크게 다섯 가지로 꼽았습니다.

그것은 '불평등한 성장과 서민들의 불행은 자본주의의 구조적 폭력이라는 경제적 요인', '미·중 관계를 핵심으로 북대서양조약기구 및 미·일동맹과 상하이협력기구의 대립이라는 군사적 요인', '이스라엘과 미국을 중심으로 한 유대교 및 기독교와 이슬람교의 대결이라는 문화적 요인', '테러(아래로부터의 폭력)와 국가테러(위로부터의 폭력)의 대결이라는 정치적 요인', '200여 개국 안에서 2,000여 개 민족이 저마다 자치를 원한다는 사회적 요인'이라고 했습니다.

두세 번은 읽어야 이해가 되는 문장이긴 하지만, 그때 대담을 메모했던 것을 최근 다시 읽으면서 창시자는 뭘 해도 다르다고 생각하였습니다. 과거만이 아닌 그 이후 벌어진 지구촌 갈등과 전쟁들이 갈퉁 박사가 말한 범주 안에 대부분 들어가 있는 것이 신기했습니다.

요한 갈퉁 박사

요한 갈퉁 박사는 노르웨이 국제평화연구소 창설자이며 오슬로대학교에서 평화와 분쟁 연구 교수로 재직하였다. 1964년 세계평화학회를 발족하고 1970년대 이후 남북한을 수십 회 방문하여 남북한의 평화 통일을 위해 노력했다. 그는 폭력을 특정한 인간이나 세력이 다른 사람의 현실을 저해하는 직접적 폭력과 문화적 폭력으로 구분하였다. 그는 법률과 제도들에 의해 가해지는 피해(구조적 폭력)까지 포함해서 폭력을 정의했다. 평화를 직접적인 폭력이 없는 상태인 소극적 평화와 갈등을 비폭력적 방식으로 해결하는 적극적 평화로 구분하였다.

이 글을 쓰고 있는 현재에도 러시아는 여전히 우크라이나에서 나오지 않고 있습니다. 국제사회의 노력에도 아랑곳하지 않고 점령한 지역을 러시아에 편입시키려는 노력을 포기하지 않고 있습니다. 혹여나 러시아 푸틴 대통령이 후퇴하더라도 다시 전쟁이 없을 거라 장담하지 못합니다.

지구촌 전체를 봐도 마찬가지입니다. 중국은 대만을 무력으로 흡수하려고 호시탐탐 기회를 노리고 있습니다. 한반도와 중동 역시 언제든지 전쟁이 벌어질 가능성이 있습니다. 작은 불똥이 튀어 큰불이

나듯이 작은 마찰이 큰 전쟁으로 번질 수 있습니다.

그렇기에 지금 전쟁이 벌어지고 있지 않은 상태의 평화에 만족하지 않고 전쟁이 벌어질 수 없는 상태의 평화로 한 발짝 더 나아가야 합니다. 갈퉁 박사는 전자를 '소극적 평화'라 부르고 후자를 '적극적 평화'라 부르는데, 전 그냥 평화와 더 나은 평화로 구분하고 싶습니다.

더 나은 평화로 나아가기 위해서는 전쟁이 일어나는 다양한 원인을 해소하고, 적절한 제도와 기구가 역할을 해야 합니다. 이 책에 나오는 지구촌 10대 갈등의 원인은 그야말로 다양했습니다. 정치적 억압, 경제적 불평등, 사회적 차별, 문화적 배제 등등이 복합적으로 작용하여 민족, 국가, 종교 간 꼬리에 꼬리를 무는 싸움이 벌어졌던 거죠.

저는 갈등의 원인을 근본적으로 해소하는 것에 비해 '적절한 제도와 기구의 역할'은 당장 실천하는 데는 큰 어려움이 없다고 생각합니다. 유럽연합 공동체를 처음 구상했던 장 모네는 "사람 없이는 아무것도 가능하지 않고, 제도 없이는 그 어떤 것도 지속할 수 없다"라고 하였습니다.

평화는커녕 기초적인 협력이 무색했던 2차 세계대전 직후 유럽에서 '제도'를 끄집어내 유럽인들에게 협력의 말뚝을 박았던 그 시도가 유럽 안에서 멈추어서는 안 됩니다. 장 모네는 전쟁 직후 평화 타령에 넌더리가 난 유럽인들에게 석탄과 철강을 공동 생산, 공동 판매하는 '제도'를 만들어서 협력을 지속할 수 있게 만든 것이었습니다. 나중에 알고 보니 그게 평화였던 거죠.

그렇다면 유럽만이 아닌 전 세계가 더 나은 평화를 위해 도전해야 하는 '제도'가 무엇인가 생각해 볼 필요가 있습니다. 저는 완벽하지 않지만 국제사회에 더 나은 평화를 위한 '제도'가 이미 있다고 생각합니다. 누구나 잘 알고 있는 그 이름, 유엔입니다.

한반도를 둘러싼 유엔의 역사

1차 세계대전 발발에 대한 주요 국가 지도자들의 대안으로 출범했던 국제연맹(1920년부터 1939년까지 활동)은 2차 세계대전이 발발함에 따라 역사 속으로 사라졌습니다. 그리고 과거 세계전쟁을 막지 못했던 국제연맹의 전철을 밟지 않기 위해 새로운 조직인 유엔이 1945년 창설되었습니다.

유엔은 그 전신인 국제연맹의 무기력을 교훈 삼아 세 가지 큰 변화를 주었습니다. 첫째는 총회만이 아닌 상임이사국을 두어 중요한 결정을 하게 하는 것, 둘째는 만장일치 대신 다수결로 의사결정을 하는 것, 셋째는 분쟁지역에 무력을 사용할 수 있는 군대를 두는 것이었습니다.

그 후 3년도 안 된 상황에서 유엔은 한반도에서 중대한 갈림길에 서게 되었습니다. 한반도 전후처리를 놓고 유엔의 상임이사국이었던 미국과 소련이 부딪치게 되었고, 결국 1947년 유엔총회에 한민족의 독립 절차를 규정한 미국의 결의안을 채택하고 유엔 한반도 임시위원단 구성과 총선거 실행을 통한 독립 정부 수립을 가까스로 의결하게 되었습니다.

이에 따라 1948년 5월 남쪽은 미국 감시위원단이 입국하여 총선거를 실행하였으나, 북쪽은 총선 감시위원단인 소련이 입국하지 않아 반쪽짜리 선거가 되었고, 유엔은 한반도의 남쪽인 대한민국 정부만 합법적인 정부로 승인하였습니다.

국제연맹에서 유엔으로 전환된 후 첫 번째 수혜자는 한국이었습니다. 1950년 6월 25일 북한이 적화통일을 위해 남한을 침공했던 거죠. 유엔의 입장에서 보면 한반도 북쪽의 무장단체가 유엔이 승인한 한반도 남쪽의 국가를 침공한 것이었습니다. 유엔은 전신인 국제연맹이 시도조차 할 수 없었던 군대를 일사천리로 창설하였고, 미국을 중심으로 16개 회원국의 군대가 유엔군이라는 이름으로 한국전쟁에 파병되어 남한을 지켰습니다. 파병이 며칠만이라도 늦었다면 한국은 공산화되었을 것입니다.

유엔은 한국전쟁 이후 다양한 국제분쟁 지역에 수많은 유엔평화유지군을 파병하고 있습니다. 하지만 한국전쟁 때 파병한 유엔군은 그때가 처음이자 마지막이었습니다. 현재 유엔평화유지군의 목적은 침공한 국가와 침공을 당한 국가 사이에 어느 편에 서지 않고 오직 중립 입장에서 치안유지를 하는 것으로 바뀌었기 때문입니다.

그런 점에서 인류 역사상 가장 큰 다자기구인 유엔이 창설 초기의 정체성을 정립하기 위해 얼마만큼 진지하게 한국전쟁에 임했는지 알 수 있습니다. 남한은 그로부터 40년이 지난 1991년 9월이 되어서야 유엔에 가입을 할 수 있게 되었습니다. 냉전 기간 소련의 반대로 남한의 가입 시도는 계속 좌절되다 탈냉전 기간 북한과 공동가입을 신청하고 나서야 유엔 회원국이 되었습니다.

정체된 유엔, 유럽연합을 모델로 삼아야

유엔은 현재 세계에서 가장 강력한 영향력을 가진 다자기구입니다. 1년 예산은 한화로 3조4,000억 원(미화 31억 달러)이며 그중 22%를 미국이 분담합니다. 2위는 일본, 3위는 중국이었으나 2019년부터 중국과 일본의 순위가 역전이 되어 중국이 미국 다음으로 많이 분담하고 있고, 남한은 11번째로 많이 분담하는 국가입니다. 한국전쟁 직후 오랫동안 유엔으로부터 지원을 받았던 남한 국민으로서 격세지감을 느낍니다.

유엔 직원 수는 약 6만5,000명이고, 뉴욕 유엔본부에만 1만5,000명이 일하고 있습니다. 전 세계 유엔 산하단체와 연결된 민간인까지 합치면 10만 명이 넘는 거대조직입니다. 할 일이 그만큼 많아 조직이 계속 커지는 것은 좋지만, 유엔의 한계와 문제점에 대한 비판은 높아져 가고 있습니다.

첫째, 안전보장이사회 국가 가운데 미국, 영국, 프랑스, 중국, 러시아 5개 상임이사국이 가진 '거부권'은 가장 흔히 지적되는 문제점 중 하나입니다. 상임이사국 중 단 한 국가라도 거부권을 행사하면 그 어떤 결의안도 무효가 되기 때문에 거부권은 5개국만의 지나친 특권입니다.

반기문 유엔사무총장의 전임자였던 코피 아난이 "무소불위의 권력인 상임이사국의 거부권 행사는 전 세계의 반인도적, 반인권적 일체 행위를 방치하거나 무마하는 데 사용될 수 있으므로 이를 개정해야 한다"고 계속 주장한 것만 보더라도 그 심각성을 느낄 수 있습니다.

둘째, 분쟁 현장에 대한 정확한 이해 없이 정책이 결정되고 그대로 방치된다는 점입니다. 특히 유엔평화유지군 파병과 운영에 있어 심각한 문제가 여러 차례 노출되고 있습니다. 대표적인 것이 2017년 유엔 내부보고서에 기술된 유엔평화유지군이 저지른 성범죄입니다.

확인된 범죄만 2,000여 건이 넘을 정도로 많다는 점, 그 대상에 수백 명의 어린이가 있다는 점, 10년 넘게 이런 상황이 지속되고 있다는 점, 성범죄가 발각되어도 처벌받은 사람이 없고 앞으로도 유엔이 처벌할 수 있는 권한이 없다는 것이 더 절망적입니다.

셋째, 새로운 변화에 너무 둔감하게 반응합니다. 지구촌 전역에 일어나는 모든 일에 즉각 반응할 수 없겠지만 지나치게 관료화되었습니다. 특히 코로나19, 에볼라바이러스 유행과 같은 한시가 급한 상황에서도 이를 대처할 사람을 뽑는 데 지지부진했습니다. 참고로 유엔 직원을 한 명 뽑는 데 평균 200여 일이 정도 걸린다고 하니 할 말은 다 한 것이죠.

이런 상황에서 더 나은 평화를 실현해야 할 제도로 유엔을 뽑은 제가 이상하게 보일 수 있을 것입니다. 그래도 저는 서울에서 부산을 갈 때 고장 난 자동차를 놔두고 걸어가는 것보다는 시간이 걸려도 고쳐서 타고 가는 것이 낫다고 생각합니다. 요즘은 새 차를 계약해도 1년이 지나야 도착한다고 하니 새로운 제도를 만드는 것보다 고치는 것이 낫습니다.

저는 유엔이 현재 문제점을 고쳐 나가는 데 유럽연합을 참고할 부분이 있다고 생각합니다. 유럽석탄철강공동체에서 유럽공동체, 그리고 유럽연합으로 가는 50년 동안 변화를 이끌어왔던 동력은 '다양한 의견수렴의 제도화'였습니다.

제도화의 핵심은 회원국이 따르게 만드는 권한의 이양입니다. 권한은 나누는 것이 아니라 이동하는 것입니다. 즉 각 국가에 있는 권한 중 일부를 유엔에 떼어줄 수 있느냐가 문제입니다. 유럽연합은 국경 검색, 상품과 사람 이동, 공동화폐 등을 각 국가로부터 권한을 받아 운영하고 있습니다.

저는 문제가 덜 되고 협력하면 서로 시너지 효과가 나는 경제 분야부터 유엔이 역할을 하면 어떨까 싶습니다. 예를 들어 유럽이 초

유럽연합(EU)

유럽연합은 유럽에 위치한 27개의 회원국 간의 정치 및 경제 통합체이다. 유럽연합의 정책은 사람, 상품, 자본, 서비스가 유럽연합 내 시장에서 자유롭게 이동하는 것을 목표로 하고 있다. 이에 19개의 회원국이 유로를 통화로 사용하고 있다. 통합된 법률을 제정하고, 지역개발에서 공동정책을 채택한다. 회원국 간의 자유로운 왕래를 위해 출입국관리를 폐지했다. 사진은 벨기에 브뤼셀에 있는 유럽연합 본부와 2013년부터 사용 중인 '유로파'(Europa) 시리즈의 유로 지폐이다.

기에 했었던 석탄과 철광같이 지하자원을 유엔이 공동 관리하면 어떨까요? 모든 지하자원이 어렵다면 희토류 같은 희귀 자원부터 시작하는 것은요?

자원 보유국에 적정가의 돈을 미리 주고 유엔이 개발하여 공동 활용하면 인류는 소수 국가의 자원 무기화에 걱정하지 않아도 될 것 같습니다. 물론 자원 보유국이 쉽사리 수긍할 것 같지 않지만, 막상 무기화를 하는 것보다 경제적인 이득을 준다면 모르는 거죠.

이런 협력을 통해 얻은 신뢰로 유엔은 정치적, 군사적 중재에 한

발짝 더 나아갈 수 있을 것입니다. 도둑이 없는 곳에 자물쇠가 필요 없듯이, 지구촌 갈등이 줄어들면 줄어들수록 무기 생산에 들어가는 자원을 인류 공동번영에 투자할 수 있습니다.

평화를 그대 품 안에

민족과 국가의 관계를 보면 크게 세 가지가 있습니다. 첫째는 하나의 민족이 하나의 국가를 형성하는 경우, 둘째는 하나의 민족이 여러 국가를 형성하는 경우, 셋째는 여러 민족이 하나의 국가를 형성하는 경우입니다. 첫째로는 우리나라나 이스라엘이 그렇고, 둘째로는 유럽의 라틴(스페인, 이탈리아 등), 게르만(프랑스, 독일 등), 슬라브(러시아, 폴란드 등) 민족이 세운 국가가 있습니다. 셋째로는 미국이 대표적인 국가이지요.

세계는 점차 다민족 국가로 바뀌어 가고 있습니다. 국가의 장벽을 넘어 다양한 만남이 이루어지면서 국제결혼, 국적변경 등이 쉽고 활발합니다. 국경을 자유롭게 넘는 것은 비단 유럽만의 얘기는 아니죠.

그런데 한반도는 어떤가요? 전 남북관계가 괜찮은 시기 개성을 갈 때도, 금강산을 갈 때도 38선을 넘긴 했습니다. 그런데 유럽처럼 자유롭진 않았습니다. 서울에서 경의선을 타고 도라산역을 지나 개성과 평양, 신의주까지 가는 것이 곧 가능하겠다 싶었는데 중단되었죠.

한반도 평화와 관련해 얘기를 나누다 보면 구상과 개념에서 끝나다 보니 좀 어렵다고 생각할 때가 많았습니다. 차라리 한반도 평화를 얘기할 때 "부산에서 서울을 지나 도라산역을 넘어 개성, 평양, 신의주까지 갈 수 있는 것이야"라고 얘기하는 것은 어떨까 싶습니다.

북한의 사정상 전면 개방을 하기 어려우니 우선 평양까지라도 기차를 타고 갈 수 있는 시대가 온다면 그때가 바로 한반도 평화시대일 것입니다. 나아가 동북아 평화를 얘기한다면 언젠가 꼭 개통할 '한일해저터널'을 통해 일본에서 남한, 그리고 북한을 지나 중국까지 이동할 수 있는 시대인 것이죠.

동북아 평화를 실현하는 데 한국, 일본, 중국이 통일할 필요 없는 것과 같이 한반도 평화는 남북통일이 선행될 필요는 없습니다. 오히려 통일에 대한 강박감을 조금 더는 것이 남북관계에 도움이 되겠죠.

사실 평화는 어려운 개념이 아닙니다. 민족과 국가의 비전으로만 삼을 것도 아니고요. 평화는 나로부터 출발합니다. 머릿속에 맴도는 것이 아니라 온몸으로 느낄 수 있는 평안함이 평화입니다.

내가 보통 사람과 다르다는 이유로 차별을 받지 않는 것, 내가 가고 싶은 곳을 가는 것, 내 양심대로 사는 것 등등이 모여 평안함을 줍니다. 그러나 민족이나 국가 간 전쟁이 일어나면 내 평안함은 제약을 받습니다. 남한과 북한처럼 평화롭지 않은 곳에 사는 사람들은 평안함을 온전히 누리지 못했습니다.

우리는 흔히 북한 주민들이 그렇다고 말하지만 남한도 마찬가지였습니다. 과거보다 많이 나아졌다고 하지만, 분단과 갈등으로 불안정한 평안함을 누리고 있습니다. 북한에서 남한 드라마를 보고 처형을 당했다는 기사를 많이 봅니다만, 남한에서도 북한 신문이나 방송을 보는 것이 국가보안법으로 여전히 금지되어 있습니다.

아무리 생각해 봐도 현재 남한 사람이 북한 언론을 보고 북한을 찬양하거나 동경하지 않을 것 같은데, 여전히 남한에는 북한과 관련해 할 수 있는 것이 별로 없습니다. 저는 몇 년 전 국가보안법 관련 법정에 증인으로 참여한 적이 있습니다. 피의자와 약간 아는 사이였는데 굳이 이런 것이 문제가 될 수 있는가 생각했었습니다.

그 후 유튜브 채널이나 글과 영상으로 북한에 관해 얘기하게 되면 저도 모르게 자아 검열을 하게 되었습니다. 국가보안법만이 아니라 제 주변에 있는 사람들이 받아들일 수 없는 북한의 모습도 있거든요. 그것은 북한에 대한 칭찬과 비판을 동시에 수용할 수 없는 사람들이 꽤 많다는 것이죠.

북한에 대한 이런 자세는 알게 모르게 남한 사회 전반에 영향을 주고 있다고 생각합니다. 그런 점에서 전 평화에 관한 이야기를 이렇게 마무리하고 싶습니다.

첫째는 평화는 나의 삶과 아주 가깝게 있다는 것입니다. 내가 갈 수 있는 곳, 생각하는 것을 확장해 주는 에너지와 같다고 할까요.

둘째는 평화를 깨는 주범은 전쟁입니다. 내가 겪는 전쟁이 아니라고 해서 무시해서는 안 됩니다. 지구촌 어딘가에 벌어지고 있는 전쟁에 여러분처럼 관심을 가져야 한다고 봅니다. 그렇지 않으면 현재 남의 전쟁이 미래 나의 전쟁이 될 수 있습니다.

우리 품 안에 평화가 넘쳐 지구촌 모두가 함께 돕고 사는 세상이 되는 날 2030년 2월 3일쯤 오기를 소망합니다.

추천의 글

세계 곳곳의 분쟁을 쉽게 설명하며 관심과 공감을 유도

최연재
한국국제협력단(KOICA) 과장
아프가니스탄, 아제르바이잔, 피지에서 개발협력사업 활동

저자를 처음 만난 건 대학교 동아리 활동을 할 때였습니다. 활기차고 쉴 새 없이 농담을 던지는 재미있는 형으로 처음에는 기억했습니다. 알고 지낸 지 1년여 시간이 지난 어느 날 저자는 민통선 지역의 지뢰피해자를 돕는 봉사활동을 제안했습니다. 군대 전방부대 시절 비무장지대와 민통선 지역을 드나들며 목도했던 분단의 상처를 저자는 기억하고 있었습니다.

제대하고 수년이 지난 후에도 저자는 이 상처와 아픔을 기억하고 그가 할 수 있는 방법을 고민해서 찾아내고, 그의 방식으로 봉사단을 결성하여 지속적으로 지뢰피해주민들을 돕는 활동을 만들어냈습니다. 전쟁의 상흔을 간직한 민통선 지역에서 이뤄진 활동이지만, 봉사활동은 그의 농담처럼 유쾌하고 재미있게 행해졌습니다.

대학생들이 마을을 방문하여 농사일을 돕고 생필품을 지원하는 활동이야 얼마나 주민들 삶에 크게 기여하겠느냐마는, 적어도 참여한 모든 이들에게는 분단과 전쟁의 현실이 그리 멀지 않다는 것, 그리고 그 현실은 우리와 함께한다는 삶의 동시성을 깨닫게 해주었습니다.

20여 년이 지난 지금까지도, 함께 참여했던 대학생 봉사단원들이 모두 취업하고 부모가 되어 삶에서 봉사의 기억을 잃어 갈 때도 저자는 그분들과 함께하며 주민들을 살펴왔습니다. 저자는 민통선 봉사 외에도 그만의 방식으로 다양한 평화운동과 통일운동을 결성하고 활동해 왔고, 20여 년이 지난 지금까지도 그는 활동가로서 뛰어왔습니다.

그랬던 저자가 평화에 관한 글을 쓴다고 했습니다. 남북분단의 상처에 가슴 아파하고 이를 넘어서고자 뛰어왔던 그가 세계 분쟁과 평화에 대한 글을 썼습니다. 그것도 세계 곳곳의 분쟁과 갈등의 현장과 그 각각의 맥락에 대해 폭넓게 조망했습니다.

저자의 글은 그가 봉사활동을 준비하고 참가자들에게 대했던 그 밝고 유쾌한 기분을 닮았습니다. 분명 정치외교학 전공서적에서 나올 법한 골치 아픈 쟁점 분석과 복잡한 맥락에 대한 해석이 담겨 있음에도 불구하고 그의 글은 쉽고 경쾌합니다. 어렵고 복잡한 국제정치학의 학술적 용어들은 최대한 배제하고, 심지어 신문기사에서도 종종 보이는 생소한 용어도 친절하게 풀어서 설명해 주었습니다. 마치 학교 선배가 친한 후배에게, 혹은 어린 자녀를 둔 부모가 뉴스를 보고 던지는 질문에 대해 알려주듯 세계 곳곳의 분쟁 경과를 설명해 내고 있습니다.

개인적으로 국제개발협력사업 분야에서 활동하며 당면했던 수많은 분쟁과 갈등의 복잡한 속사정으로 나름 속앓이하고 고민해 왔던 지난날을 생각해 봅니다. 이 책을 읽으면서 세계 다른 곳에서 생활하면서 고민해 왔던 물음들을 이 책만큼 쉽게 이해해 볼 수는 없었을까 자문하게 됩니다.

이 책은 지구촌 곳곳의 분쟁 중 우리가 한 번쯤은 신문 등 각종 매체를 통해 접해 본 분쟁의 현장에 관한 이야기입니다. 어쩌면 친숙하지만, 그래서 더욱 의문스러웠던 다양한 질문들이 항상 뇌리에 있기 마련이었습니다. 왜 이들은 이렇게 사이가 좋지 않을까? 화해하고 함께 협력할 수 있는 방법은 정말 없을까? 분명한 것은 이러한 분쟁의 원인과 상호 간의 속사정을 알지 않고는 이를 풀어나갈 수 없다는 것입니다.

이 책에서는 분쟁의 당사자인 국가들이 상대에 대한 이해 없이 섣부른 화해의 손길을 내밀다가 의도와 다르게 외면당하여 증오를 키워가고 갈등의 골을 깊게 만들어 온 수많은 사례를 보여주고 있습니다. 애석하게도 그러한 악순환들이 쌓이면서 지금의 긴장을 만들어 왔던 상황들을 우리는 보아 왔습니다. 저자는 담담하면서도 차분하게 우리에게 설명해 줍니다. 왜 이런 상황들이 있어 왔는지를 말입니다.

이 책을 읽으면 저자는 분명히 우리에게 이렇게 이야기하고 싶어 하는 것 같습니다. 분쟁과 그로 인해 발생하는 비극은 우리의 삶과 함께하는 현재입니다. 우리는 세계 곳곳에 처한 분쟁의 현실을 알아주고 이해해 주어야 하며, 이를 위해 관심을 갖고 아픔을 겪는 이들과 함께할 때 우리는 보다 평화로운 세상을 만들어갈 수 있지 않겠느냐고 말입니다.

나 또한 그의 말에 적극 동의합니다. 나아가 이러한 갈등을 보듬어주고 새롭게 평화로운 세상을 만들고자 하는 노력이 있다면 이를 적극적으로 응원해 주고, 가능한 한 동참할 수 있다면 그것이 지금 세계의 분쟁과 함께 살아가고 있는 우리가 분쟁의 아픔을 조금이나마 어루만져 줄 수 있는 길이 아닐까 싶습니다.

어쩌면 이 책을 읽은 분들이라면, 다시 TV에서 뉴스를 접할 때 지긋지긋한 분쟁지역 뉴스라고 채널을 돌리지 않고 조금 더 관심 있게 보고 그 아픔에 조금 더 공감해 줄 수 있게 되지 않을까 조심스럽게 생각해 봅니다.

10대도 이해하는
전쟁과 평화 이야기

초판 1쇄 발행일 2022년 12월 10일
초판 2쇄 발행일 2023년 6월 10일

지은이 라훈일

발행인 이경현
발행처 (주)천원사
신고번호 제302-1961-000002호
주소 서울시 용산구 청파로 63길 3(청파동1가)
대표전화 02-701-0110
팩스 02-701-1991

정가 14,000원

ISBN 978-89-7132-875-0 43070

· 청파랑은 ㈜천원사의 임프린트입니다.
· 잘못된 책은 구입하신 서점에서 바꾸어 드립니다.